ESSAI
DE POLITIQUE
ET
DE MORALE CALCULÉE;

TOME PREMIER.

par Hugues de

d'Hancarville

el afar Gou ginel

ESSAI
DE POLITIQUE
ET
DE MORALE CALCULÉE.

TOME PREMIER.

.... Ausus se credere cœlo,
Insuetum per iter gelidas enavit ad Arctos.

Æneid. lib. VI.

M. DCC. LIX.

v

A SON ALTESSE

SERENISSIME,

MONSEIGNEUR

LE PRINCE LOUIS,

DUC DE WURTEMBERG ET TECK,

Comte de Montbeillard, seigneur
de Heidenheim & de Justingen,
&c.

MONSEIGNEUR,

*VOICI une dédicace dans laquelle
le public sera surpris de ne point
trouver de louanges.
Quand VOTRE ALTESSE SÉRÉ-*

NISSIME *ne me paroîtroit pas au-
deſſus de l'éloge, je ſens que, ſi je
peignois l'élévation de ſon eſprit,
mais ſurtout la bonté de ſon cœur,
on croiroit que je paye à la grati-
tude un tribut qui n'appartient qu'à
la vérité.*

*Ambitieux autrefois, j'avois oſé
ſouhaiter l'immortalité pour mon
ouvrage. Pénétré aujourd'hui d'un
ſentiment plus élevé & plus doux,
j'ai le plaiſir de devoir à ma grati-
tude le retour de ma philoſophie. Ce
n'eſt plus que mon Bienfaiteur qu'il
m'importe d'immortaliſer.*

*J'ai l'honneur d'être avec un
profond reſpect,*

MONSEIGNEUR,

DE VOTRE ALTESSE SÉRÉNISSIME,

Le très-humble & très-obéiſſant
ſerviteur * * *,

PRÉFACE.

J E ne fçais quel fera le fort de cet ouvrage ; mais je fuis bien éloigné d'efpérer qu'il fe conciliera les fuffrages de tous ceux qui le liront. S'il eft approuvé, ce fera fans doute par ceux qui, dépouillés de préjugés, voudront bien rendre juftice à l'intention que j'ai eue en le compofant ; ou bien par ceux qui cherchent, comme moi, à juftifier devant la raifon les idées qu'ils adoptent.

Je n'ignore pas combien

je m'expofe , en offrant à la critique un ouvrage où l'on trouvera quantité d'opinions nouvelles, & qui ne feront pas appuyées par l'autorité d'un nom déjà connu. Encore fi, à la faveur de la méthode dont je me fers, je pouvois efpérer qu'on me pardonnât ma témérité : mais, loin de-là , cette méthode même paroîtra téméraire à bien des gens. J'ofe porter le calcul jufques dans la morale, & afservir la politique & fes maximes aux loix d'une analyfe rigoureufe : en voilà plus qu'il n'en faut pour faire tomber mon livre des mains de plufieurs lecteurs.

J'avoue que j'ai prévu cet inconvénient ; & j'aurois tâché de l'éviter, en suivant une route différente, moins pénible pour moi, & plus agréable pour ceux qui me liront : mais je les prie de vouloir bien faire attention que cet ouvrage, entièrement confacré à des vérités utiles , a prefque toujours exigé un ordre qui marquât la liaifon de fes principes , & qui en fît voir la clarté. L'évidence eft peut-être le principal ornement qui convienne à des vérités qui doivent defcendre à la pratique (1).

____

(1) *Omne quod de re bona dilucidè dicitur , mihi præclarè dici videtur : iftius modi autem res dicere ornare velle , puerile eft.* Cic. de finibus bonor. & malor. lib. III , ç. V.

Il n'arrive que trop à ceux qui courent après la vérité, de rencontrer la féchereffe. Peu de philofophes ont été affez heureux pour facrifier aux graces. Je me rends juftice : la vérité fe préfente fouvent dans mon ouvrage avec cette froideur qui fuit toujours l'exactitude didactique. Je crois auffi que l'on trouvera quelques endroits touchés légèrement : mais, en général, on rencontrera par-tout des traces de la foibleffe de mon ftyle, & de l'aridité des matières que je traite.

Ainfi je me garde bien de compter au nombre de mes lecteurs ceux qui, s'ennuyant des réflexions graves qu'un auteur arrange avec peine, voudroient au moins fe dédommager par l'élégance d'un ftyle harmonieux. J'ai toujours cherché la correction de Michel-Ange ; mais je n'ai ofé effayer le pinceau du Guide.

L'amour-propre a foin de faire voir à chaque auteur le point le plus lumineux de l'ouvrage qu'il a compofé. Les vérités qu'il dit font toujours les plus neuves, & les fleurs qu'il répand font toujours les plus belles. C'eft une forte de dédommagement des peines que lui a coûté fon travail, & de celles qui en font les fruits les plus communs. Je regarde la matière que j'ai choisie comme la plus belle de toutes les matières, parce que je la crois la plus utile : peut-être aussi est-ce parce que je l'ai choisie.

L'on ne me rendroit pas justice, si l'on alloit croire que je ne me suis déterminé à tenter une voie nouvelle, que par l'ambition de me distinguer. Non, j'ose le dire, j'aurois refusé une gloire que j'aurois cru même assurée, à la commodité de suivre des sentiers déjà battus. Eh ! qu'importe après tout (en matière de philosophie) quelle route on tienne, pourvu que l'on ne s'égare pas. Je fuis loin de cenfurer la conduite de ceux qui ont fçu fe frayer d'autres chemins ; & , fi j'euffe cru pouvoir àller plus loin en les fuivant, je n'aurois pas manqué de les prendre. Mais j'ai penfé que je devois préférer celui qui , avec une fureté égale , paroiffoit encore devoir m'approcher plus près du but que je cherchois.

Si mon livre n'eft pas bon, j'avoue que je fuis condamnable de n'avoir pas fçu l'apprécier ce qu'il valoit. Autrefois, l'envie de fervir le public étoit, dit-on, un titre fuffifant pour mériter fon indulgence : j'aurois donc pu autrefois me juſtifier à ſes yeux. Appliqué depuis long-temps à des occupations ſérieuſes; alliant à la fois l'étude des ſciences abſtraites à celle de la morale & de l'hiſtoire, je ſentis bientôt les beſoins qui tourmentent les hommes. Cette inquiétude continuelle qui les fait ſe tourner en mille façons différentes, me parut une maladie dont on devoit chercher le remède. Enfin, j'oſai former le projet de leur être utile. Je vis, ſans me rebuter, toute la difficulté du deſſein que je me traçois; mais l'envie que j'avois d'être un bon

citoyen me raſſura. La nature, me diſois-je, ne ſe ſert-
elle pas des moindres ani-
maux (*a*) pour détruire le (a) Diod.
crocodile qui dévore les hom-
mes ?

Je jettai d'abord pluſieurs
idées ſur le papier ; longtemps
elles reſtèrent informes : c'é-
toit un cahos que la méthode
vint débrouiller. L'ouvrage
étoit immenſe ; mais l'exemple de tant de grands hommes eſt venu animer mon travail ; &, je le répète, ce fut
moins l'envie de paroître leur
rival (**1**) qui me fit écrire,
que le deſir de les ſeconder

____

(1) . . . . *Quid enim contendat hirundo*
Cignis ?   Lucret. lib. III.

dans l'intention qu'ils ont eue de contribuer au bonheur des hommes.

J'ai essayé de développer les principes des sociétés, & j'ai réclamé les droits de l'humanité contre la violence de la tyrannie. J'ai cru que la nature nous ayant donné une soif de biens que rien ne peut étancher, il étoit raisonnable de chercher les moyens de nous guinder à la source de ces biens, & de satisfaire à la fois le plus juste de nos desirs & le plus pressant de nos besoins.

Je n'ai envisagé le bonheur des hommes que dans les rapports qu'ils ont les uns

avec

avec les autres, & avec les différentes conſtitutions dans leſquelles ils vivent. J'ai regardé les citoyens comme des êtres ſemblables, qui, avec un même fonds de paſſions, ont encore des beſoins réciproques.

Un empereur Romain, plus illuſtre par ſes vertus que les autres par ſes conquêtes, diſoit : » Je ſuis né dans une « ville, & j'ai une patrie ; ſça- « voir, comme Antonin, Ro- « me ; &, comme homme, « l'univers : par conſéquent, « ce qui ſert à l'avantage des « ſociétés eſt mon unique bien. « On croit entendre l'humanité même (1).

____

(1) Πόλις καὶ πατρὶς ὡς μὲν Ἀντωνίνῳ, μοι ἡ Ῥώμη:

Je n'ai pas compté le bonheur d'un homme ou d'une nation particulière, mais celui de tous les hommes & de toutes les nations. Quoiqu'attaché à un coin de la terre, & féparé par des deferts immenfes de nations que vraifemblablement je ne verrai jamais, je ne laiffe pas de regarder tous les particuliers qui les compofent comme mes frères; & je n'ai pu me perfuader que des êtres qui fe difent raifonnables, pour être nés fous des zônes différentes, en fuffent moins tenus aux loix que la nature a prefcrites à l'humanité.

ὡς ᾖ ἀνθρώπῳ ὁ κόσμος· τὰ ταῖς πόλεσιν ᾗ ταύταις ὠφέλιμα μόνα ἐστί μοι ἀγαθά.

Un philosophe pleuroit en considérant les erreurs des hommes. Un autre, plus philosophe encore, pleureroit sur leurs malheurs & leurs foiblesses.

C'est à la philosophie qu'il appartient de donner des préceptes qui peuvent servir à diminuer les maux de chaque homme en particulier. La politique portant ses vues plus loin, ne regarde que la société en général ; & la morale, dont il s'agit dans ce livre, est moins la connoissance des règles de la conduite que les hommes doivent tenir, que la recherche des motifs qui dirigent leurs actions, & que la politique s'empreſſe de mettre en œuvre pour leur bonheur.

Si l'on s'arrête à conſidérer les reſſorts que la politique fit jouer, pour élever Rome à ce point de grandeur qui nous étonne aujourd'hui; ſi l'on recherche les chemins que tenta Lycurgue, lorſqu'il conduiſit Sparte à cette gloire qui la maintint pendant ſept cents années au-deſſus de toutes les autres villes; on ſera effrayé de voir des efforts dont la nature humaine ne paroît plus capable : tant eſt grande la force de la politique, maniée par des mains intelligentes ! c'eſt la lyre d'Am-

phion (**1**), qui attendrit les
rochers, & bâtit les murs de
Thèbes.

La source des passions qui
ont agité les hommes dans
tous les temps, n'est pas encore tarie : tous les cœurs ont
encore les mêmes desirs, parce
qu'ils éprouvent les mêmes
besoins. C'est dans ces passions
même que j'ai puisé les moyens
de diminuer les maux qui assié-
gent les hommes, & les règles
qu'on doit employer pour les
conduire. Abandonnées à elles-mêmes, ces passions, comme des torrens, se répan-
droient sur la terre, & l'inon-

---

(1) *Movit Amphion lapides canendo.* Horat.

deroient du sang de ses habitans. L'on verroit l'ambition,
la jalousie & l'amour de la vengeance porter par-tout le cri-
me & l'incendie. Mais, si l'on
sçait les renfermer dans les
bornes que leur prescrit la justice, elles iront faire la félicité
de ceux mêmes à qui elles auroient causé tant de maux. La
politique, qui est, à proprement parler, la morale des sociétés, se sert des passions les
plus fougueuses, comme la
main de l'artiste sçait employer
l'eau, le vent & le feu, ces
élémens destructeurs, pour
soulager les travaux des hommes & augmenter leurs richesses.

Si, par hasard, il s'étoit glissé, dans le courant de mon ouvrage, quelques maximes contraires à l'humanité, je les désavoue par avance. Eh ! comment parlerois-je contre l'humanité, moi qui n'écris que pour en soutenir les droits, & qui n'ai en vue que son bonheur ! Ainsi ce sera faute d'avoir vu les conséquences de ces maximes, qu'elles seront échappées à ma plume. Mon esprit peut bien se tromper ; mais mon cœur est trop ennemi de la tyrannie, pour soutenir des sentimens qui pourroient la favoriser.

Si je n'avois à parler qu'à

des gens qui jugeaſſent des intentions d'un auteur par les choſes qu'il écrit, je n'aurois pas beſoin d'aſſurer que l'on ne rencontrera dans ce livre aucune de ces alluſions malignes, dans leſquelles tant d'auteurs ont enveloppé l'amertume de leur ſatyre. Je n'ai pas eu beſoin de recourir à de tels moyens ; ce ſont les préjugés que j'attaque, & non pas les hommes qui ont ces préjugés.

De même que nous avons une infinité de vertus qui ſont fondées ſur des vices, nous avons auſſi une infinité de vices qui ſont fondés ſur ce l'on appelle des vertus. Le légiflateur habile fçait mettre en ufage les unes & les autres, pour l'utilité commune. Le préjugé lui fert fouvent autant que la vertu même, dont il n'eft que l'image : il fait plus ; quelquefois il cherche à réduire les vertus mêmes en préjugés. Par-là, elles acquièrent une forte de confiftance qui les rend plus propres à fe plier à toutes les formes que la politique veut leur donner. Il y a donc une infinité de préjugés aufquels il faut bien fe garder de toucher ; on doit même les confidérer comme des biens, puifqu'ils en font le germe. Ainfi, loin de chercher à les détruire, fi je les ai découverts, j'ai montré les moyens de les fortifier, & j'ai tâché d'en développer le méchanifme, afin de faire mieux connoître la façon dont il faut s'y prendre pour l'entretenir. Nous avons fi peu de moyens de nous rendre heureux, qu'il feroit déraifonnable de ne pas profiter de tous ceux qui fe préfentent, fous prétexte que ces moyens n'ont pas un fondement folide : aux yeux de la politique, un préjugé utile ceffe d'être une erreur ; &, dans le calcul du bonheur, il eft compté comme une vérité.

Je me fuis fait une loi de ne blâmer perfonne, parce que

j'ignore les principes qui ont fait agir ceux dont la conduite pourroit me paroître blâmable. C'eſt aſſez pour moi de dire le bien qu'on peut faire ; d'autres diront le mal qu'on a fait.

Le même principe, qui m'a éloigné de l'eſprit de critique, a auſſi écarté de mon ouvrage l'eſprit de flatterie. Si je loue quelques princes, c'eſt que je les crois louables. Chryſippe vouloit que la vertu ſe paſsât de louanges. Pour moi, je crois que c'eſt l'avilir que de la flatter ; mais la louange me paroît (1) le ger-

___

(1) *Vincet amor patriæ, laudumque immenſa cupido.*
Æneid. lib. VI.

me & le fruit de la vertu.

Rien ne doit mieux justifier mon livre des fausses allusions que l'on en pourroit tirer, que la hardiesse avec laquelle j'attaque des opinions assez généralement reçues, lorsqu'elles m'ont paru fausses. Ce n'est pas faire ma cour à la plupart de mes lecteurs; mais c'est faire mieux, c'est leur être utile. Je serois peut-être plus loué, si j'eusse sacrifié la vérité au torrent de l'opinion; mais je serois moins louable.

Tout ce qui est vérité, & surtout vérité de pratique, intéresse les hommes; toutes leurs erreurs sont des foiblesses, & par conséquent des beſoins. Mais, comme mon but eſt de diminuer leurs beſoins, j'étois néceſſairement engagé à combattre leurs erreurs.

Je ſçais quels ennemis je me prépare en combattant les erreurs ; mais ce ſont les ennemis de la vérité.

Si je diſois de nouveau des choſes que l'on a dites cent fois, je pourrois eſpérer de jouir de la réputation de mon ouvrage. Mais, puiſque je contredis des choſes que l'erreur a répétées cent fois, je n'ai pas cru pouvoir mettre mon nom au-devant de mon livre : j'ai préféré l'obſcurité.

 PREFACE.

Voici l'article sur lequel je crois avoir le plus d'indulgence à demander. Oui, si mes sentimens ne sont pas toujours d'accord avec ceux de quelques auteurs très-respectables, c'est que je n'ai pas cru que mon respect pour eux dût l'emporter sur celui que je dois à la vérité. J'ai communiqué mon ouvrage à quelques-uns d'eux ; mais l'on n'a pas levé entièrement les doutes que j'avois. Toutefois cela n'ôte rien à mon respect pour ces hommes illustres, qui ont bien voulu employer leurs veilles à éclaircir des matières qu'ils ont trouvées très-obscures. Ces erreurs paſſagères (ſi pourtant je ne me ſuis trompé moi-même) ſont comme les taches que l'on remarque ſur le diſque du ſoleil, & qui ne dérobent preſque rien de ſon éclat.

Lorſque j'ai eu à juſtifier des opinions qui ſont contraires à celles que j'ai trouvées dans des livres dont le mérite eſt confirmé par l'approbation du public judicieux, j'ai porté ma critique avec ce reſpect & cette religieuſe défiance que l'on ſent lorſqu'on approche des ſtatues des dieux.

Si mon livre contenoit quelques maximes contraires

à la religion que je profeſſe,
je les déſavoue : mais auſſi,
avant de me condamner, je
ſupplie que l'on veuille bien
faire attention que je parle
en politique. En cette qualité, je n'appartiens à aucune
nation, à aucun ſiècle, ni à
aucune religion. Celle qui
m'a vu naître me paroît la
ſeule reſpectable, la ſeule
vraie. Je le répète encore
ici, & je prie que l'on y
faſſe attention : je ne regarde, dans cet ouvrage, le
bonheur que relativement à
cette vie paſſagère, & non
pas dans le rapport qu'il a
avec cette éternité devant
laquelle le préſent s'évanouit,

nouit, & tous les avantages de ce monde fragile ne préfentent qu'un vuide immenfe, à travers duquel on ne voit que leur néant.

Je fais plus : je déclare que la religion chrétienne, bien entendue, peut s'adapter à toutes fortes de gouvernemens, lorfqu'ils feront eux-mêmes dépouillés de leurs abus. Ainfi, quand je dirai que telle religion eft propre à tel gouvernement, ou que tel état fe trouve bien de telle religion, je n'entendrai pàrler que des refforts qu'elle fournit à la politique de ces états, fans prétendre jamais affujettir la religion chrétienne à cette politique.

On a dit, par exemple, & je le répète, que la religion mahométane favorise le despotisme. Rien de plus vrai que cette proposition, surtout s'il s'agit de ce pouvoir arbitraire & absolu qui soumet les hommes & les loix mêmes à la seule volonté du despote. Un tel pouvoir est presque toujours abusif. Mais, si, au lieu d'un sultan, vous supposez un roi de Danemarck, vous aurez l'idée du despotisme tel qu'il devroit toujours s'entendre, & tel que la reli-

gion chrétienne peut l'adopter.

Enfin, j'ai à prier mes lecteurs de vouloir bien lire cet ouvrage de suite. J'ai tâché de mettre une étroite correspondance entre le commencement (1), le milieu & la fin. Je me suis efforcé d'en lier toutes les parties, afin que ne faisant qu'un seul tout (2), elles puissent se soutenir & s'éclairer mutuellement ; & je ne crois pas qu'il soit possible d'en-

(1) *Primo ne medium, medio ne discrepet imum.*
Horat. de art. poët.

(2) *Defendit numerus, junctæque umbone phalanges.*
Juv. Sat. II.

tendre la fuite, fans avoir une idée de ce qui précède.

Si quelquefois, trop occupé du fond des chofes, je me fuis fervi d'un terme impropre pour les exprimer, je prie le lecteur de recourir à l'enfemble qui m'a fait naître l'idée que j'ai rendue imparfaitement. Cicéron dit (a) qu'il ne faut pas juger des fentimens d'un auteur par les termes qu'il emploie, mais par la liaifon & l'accord de leurs principes.

On verra, dans la fuite, (b) quelque idées de métho-de que je n'ai pu placer ici.

(a) Tufcul. v.

(b) Entre le livre IV, & le livre V.

Ce morceau eſt détaché, pour eſſayer le goût du public. C'eſt un échantillon d'un ouvrage qui contient quinze livres. Voici les cinq premiers qui traitent des conſtitutions ſimples. Selon l'accueil qu'ils recevront, & l'utilité dont on les jugera, je me déterminerai à donner à la preſſe les cinq livres qui doivent ſuivre, & qui traitent des conſtitutions compoſées. Telles ſont les conſtitutions d'Angleterre, de Suède, de France, de Pologne & d'Allemagne. Je n'oſerois dire que ces derniers ſont moins

mauvais que ceux qui font
contenus dans ce volume :
mais je crois pouvoir affu-
rer qu'ils font plus intéref-
fans.

Fin de la préface.

AVERTISSEMENT.

JE supplie ceux qui voudront bien parcourir ce livre, de n'aller point s'imaginer qu'ils lisent un livre sçavant (1) : car ils en auroient une idée très-fausse. Tout homme de bon sens, qui sçauroit la définition d'un rapport & celle d'une progression, en eût pu faire autant que moi ; c'est-à-dire, qu'en moins d'un quart d'heure, on aura tout ce qu'il faut pour entendre cet ouvrage aussi bien que l'auteur même.

Sous le nom de calcul, j'ai entendu un raisonnement dont toutes les parties sont tellement liées, qu'on

---

(1) *Je puis dire avec ce Romain dont parle Cicéron :* C. Lucius .... dicere solebat, ea quæ scriberet, neque se ab indoctissimis, neque à doctissimis legi velle, quod alteri nihil intelligerent, alteri fortasse plus quam ipse. *De Orat. II, 6.*

pourroit les exprimer par des chiffres, ou par des lettres, selon la méthode de l'analyse.

Dans deux notes, on a conservé des (x) & des (y) ; mais j'avertis encore que ce n'est pas de l'algèbre, & que j'aurois pu me dispenser de les mettre. Je les ai pourtant conservées en faveur de ceux qui voudront voir la voie que j'ai tenue pour trouver les choses qui ne sont pas des principes, & par dessus lesquelles on peut sauter hardiment, pour peu qu'on en soit effrayé.

ESSAI

ESSAI
DE POLITIQUE
ET
DE MORALE CALCULÉE.

DESSEIN DE CET OUVRAGE.

L'HISTOIRE vient retracer à la mémoire des hommes les événemens qui font arrivés, & juge, par eux, des motifs qui les ont produits : ce livre s'efforce de remonter aux principes mêmes qui ont fait naître les événemens ; &,

TOME I.   A

defcendant enfuite jufqu'à eux (1), s'en fert pour appuyer les maximes qu'il établit.

L'hiftoire juge des caufes par les effets qui en font la fuite : ce livre juge des effets par les caufes qui font les femences qui les ont produits.

Si les principes que l'on établira font ceux des chofes mêmes, l'expérience s'empreffera de les confirmer; & les révolutions des états, les bizarreries arrivées dans les opinions des hommes, les fingularités que l'on remarque dans l'efprit de chacun en particulier, les coutumes des différens peuples, les fyftêmes religieux, & les loix de toutes les nations, viendront fe plier à ces principes.

---

(1) *Ut non modò cafus eventufque rerum, qui plerumque fortuiti funt ; fed ratio etiam caufæque nofcantur.* Tacit. hiftor. lib. I, pag. 277, edit. Blaev.

De la justesse de ces principes, doivent couler, comme d'une source féconde, les causes de ce flux & reflux des arts, que l'on a vu en différens siècles venir éclairer & polir les hommes ; & qui, pour ainsi dire, se repliant ensuite sur eux-mêmes, nous ont replongés dans les ténèbres de l'ignorance & de la barbarie.

LIVRE PREMIER.

FORMATION DE LA SOCIÉTÉ.

Division des moyens, qui produit celle des puissances : effets de cette division par rapport à la population, l'industrie, &c.

CHAPITRE PREMIER.

Idée de ce livre.

I. LA division des moyens est une suite de la multiplication des hommes qui composent la société ou l'état. Selon que cette division est 'égale ou inégale, elle va former divers rapports d'aifance entre les particuliers : mais la nature des rapports qui font entre les ci-toyens, faifant naître différentes fortes de fociétés, à chacune d'el-les on a donné des noms qui en diftinguent l'efpèce, & en mar-quent les propriétés.

II. Les états ont auffi entr'eux différens rapports, qui font com-pofés des raifons que l'on remarque entre les moyens & les forces de l'un, & les moyens & les forces de l'autre.

III. Les hommes & les états ont des rapports généraux entr'eux. Ceux qui fe tirent de l'effence des hommes leur enfeignent ce qu'ils fe doivent les uns aux autres : les rapports qui font entre les hommes, en tant qu'ils vivent en fociété, in-

diquent les obligations qu'ils ont
contractées enfemble : la fource
des devoirs qui lient les citoyens
à leur patrie découle des rapports
qu'ils ont avec elle : enfin l'ana-
logie que les états ont entr'eux
leur montre ce qu'ils fe doivent
réciproquement.

2. La nature, en établiffant les
deux premiers de ces rapports, a
eu pour but la confervation des
particuliers ; & la raifon, qui a travaillé à établir les feconds, a eu
en vue la confervation des fociétés. C'eft de tous ces rapports enfemble que fe déduifent les loix,
que la nature & la raifon ont employées de concert pour la confervation des hommes en général.

3. Cet accord de la nature & de
la raifon, qui procure à la fois la
confervation des particuliers, &
maintient l'ordre dans les focié-

tés, eſt ce que l'on appelle *la poli-*
tique.

Il ne faut pas confondre cette
politique avec celle que l'on appelle les intérêts des princes : celle-
ci eſt l'intérêt des états.

4. Les devoirs reſpectifs qui naiſſent de ces rapports forment le droit
naturel, le droit civil, le droit politique, & le droit des gens.

5. Le droit s'occupe à rechercher
les rapports qui ſont entre les choſes, & les conſéquences qui s'en-
ſuivent, relativement aux particuliers & aux états : il fournit des lumières à la politique ; & celle-ci
doit les employer pour le bonheur
de l'humanité. C'eſt ainſi que les
fleurs puiſent dans le ſein de la
terre les ſucs qu'elles prêtent à
l'abeille induſtrieuſe, qui ſçait en
compoſer un miel délicieux.

6. Toutes les ſciences ont leur
chimère : la géométrie court après

la quadrature du cercle ; la mé-
chanique cherche un mouvement
qui, ſe renouvellant toujours lui-
même, ne finiroit jamais ; la chy-
mie travaille à découvrir la pierre
philoſophale ; les philoſophes ont
tâché d'élever l'homme à une béa-
titude pour laquelle il ne ſemble
pas fait ; enfin la politique cherche
l'eſpèce de conſtitution qui rendroit les ſociétés auſſi heureuſes
qu'elles peuvent l'être : c'eſt la
pierre philoſophale de l'eſprit, &
peut-être la ſeule qu'il ſoit raiſon-
nable de chercher.

(a) Art. I. **IV.** Si la multiplication des (a) hommes produit la diviſion des moyens ;
celle-ci, par une ſorte de réaction,
influe à ſon tour ſur la multiplication des hommes : car il eſt évident que, ſi la diviſion des moyens
eſt telle qu'il n'y ait que la quantité d'unités qui ſont néceſſaires

pour nourrir le nombre préfent des citoyens, la population eft néceffairement fixée à ce nombre.

Ce font les rapports indiqués dans le premier & le quatrième article que je vais effayer de chercher dans ce premier livre.

CHAPITRE II.

Formation d'un état ; division des moyens.

(a) Melon, Law, &c. par M. de Voltaire.

LE mot de *luxe* (*a*) n'étant pas encore attaché à une idée fixe, je m'en servirai déformais pour exprimer l'aifance ; & les *degrés de luxe* fignifieront les degrés d'aifance. Par celle-ci, j'entendrai le nombre des unités qu'un homme poffède au-deffus de celle qui marque le néceffaire phyfique : ainfi celui qui poffédera dix unités phyfiques de plus qu'un autre, fera dix fois plus aifé que lui.

J'entendrai, fous le nom de *luxe abfolu*, un degré de luxe tel qu'il anéantit tous les autres : c'eft-à-dire, qu'un feul homme ou un feul corps poſsède tous les biens de l'état, tandis que les autres n'ont rien. Ainſi le luxe abſolu eſt préciſément la privation du luxe relatif.

On ſuppoſera, dans la ſuite, où il en ſera beſoin, un nombre de parts égal à celui des hommes; ou, ſi l'on veut, un nombre d'hommes à peu près égal à celui des parts. Ainſi, lorſqu'on voudra ſe ſervir de ces ſuppoſitions, il faudra ſuppoſer le nombre des hommes égal à celui des unités phyſiques que l'état peut fournir : par exemple, en France, d'un tiers (*a*) ou environ. Le calcul étant fait, on retranchera proportionnellement à la quantité que l'on aura admiſe de trop; ce qui donnera le réſultat que l'on cherche.

(*a*) Dixme royale ; & Melon, pag. 332.

I. Deux terres de telle étendue que l'on voudra, & de revenu égal,

rapportent ce qu'elles peuvent
rapporter. Que l'on imagine, dans
chacune de ces terres, une femme
& un homme : fi, dans deux ans,
l'un de ces mariages a donné deux
enfans, & l'autre feulement un; il
eft fûr que la feconde de ces familles fera d'un degré plus riche que
la première; car elle aura une charge de moins, & par conféquent un
degré d'aifance de plus. Mais, fi
l'on conçoit que le nombre des
perfonnes de chaque famille augmente continuellement, il eft évident que le nombre de ceux qui
étoient à leur aife diminuera auffi
continuellement; puifqu'il fe fera une continuelle divifion des
moyens : de forte que la famille
qui fera la plus grande fera toujours la moins aifée ; & l'on trouvera que le degré d'aifance de chacune d'elles fera toujours *récipro-*
quement proportionnel au nombre

des hommes qui la composent.

II. Si l'on admet que ces deux familles sont sous la puissance d'un tiers, qui empêche l'une de toucher aux biens qui appartiennent à l'autre; on voit qu'elles forment un état, dans lequel le nombre des aisés diminue à mesure que le peuple augmente (1).

(1) On supposera, si l'on veut, un état sans commerce extérieur, tels étoient Lacédémone (a) & la Russie avant Pierre premier; & avec peu de commerce intérieur, telle étoit l'Attique (b) avant Thésée, & Rome (c) dans son enfance. On rencontre encore aujourd'hui (d) dans l'Asie, dans l'Afrique, & dans les deux Amériques, plusieurs vastes contrées qui ne connoissent ni commerce ni industrie. Mais d'ailleurs ceci peut convenir à tout pays qui feroit un commerce qui rapporteroit toujours également; &, à plus forte raison, à un état où le commerce iroit toujours en diminuant. On sentira encore mieux la vérité de cette proposition, si l'on l'applique à un état où la population est fort grande: c'est ainsi qu'à la Chine, pour prévenir les suites de la trop grande division des moyens, (e) on se croit obligé d'exposer les enfans; à Formose, la prêtresse fait avorter les femmes qui conçoivent avant (f) l'âge de trente-quatre ou trente-cinq ans. Cependant on sçait que l'isle Formose

(a) *Plut. in Lycurg.*
(b) Id. *in Thes.*
(c) *Dion. Halycarn. lib. II.*
(d) Voyage autour du monde.
(e) Duhalde, t. II, p. 19.
(f) Voy. le recueil des voya-ges, &c. V. p.

III. Mais auſſi, plus le nombre des aiſés diminue, plus l'opulence relative du nombre des aiſés, qui reſte, augmente (1). On pourroit encore dire que, plus l'opulence relative diminue, plus le nombre des

---

& la Chine font un grand commerce ; mais il y a un degré de population auquel l'induſtrie, malgré ſes efforts, ne peut fournir le néceſſaire. Dans tous les pays ſains, où les hommes jouiroient d'une longue vie, la population pourroit devenir ſi grande, qu'à ne parler que politiquement, l'on ſeroit obligé de prendre les mêmes meſures que les Chinois, pour éviter de ſe ſervir des horribles moyens que les anciens employoient (a) *Feſtus Pompeius.*   contre les vieillards qu'ils appelloient (a) *ſenes depontani.* On voit de quelle utilité ſeroit, dans un tel pays, la chaſteté volontaire regardée comme perfection : auſſi (b) Palafox.   trouve-t-on à la Chine (b) ſix millions de bonzes, & un nombre prodigieux d'eunuques.

(1) Le ſeigneur eſt fort riche dans ſa terre, relativement à ſes payſans : qu'il aille dans la petite ville voiſine, il ceſſera déjà d'être le premier ; il ſera encore plus confondu dans la capitale de ſa province. Arrivé à Paris, il a perdu la moitié de ſon exiſtence ; demain, à Verſailles, ſon opulence relative ne ſera rien du tout. Si, partant de-là, il retourne dans ſa terre, ſon opulence relative augmentera, comme elle décroiſſoit auparavant ; &, plus le nombre des aiſés diminuera, plus il paroîtra riche.

aifés augmente. Il y a néanmoins un feul cas où ceci ne feroit pas vrai; car la diminution de l'opulence relative ne pourroit arriver que par une fuite de la diminution du peuple, qui convertit l'opulence relative en opulence abfolue: ou bien parce que les hommes fe feroient tellement multipliés, que l'on feroit obligé de faire toutes les fortunes égales; alors il n'y a plus d'opulence relative, mais auffi il n'y a plus d'aifés proprement dits. On verra dans la fuite que ce dernier cas eft prefque métaphyfique. De la première propofition, on déduiroit auffi que, plus le nombre des aifés augmente, plus le peuple diminue: ce qui feroit évident pour un pays privé d'induftrie, mais feroit faux par-tout ailleurs.

CHAPITRE III.

Effets de la distribution des moyens.

(a) Ch. II, art. I.

I. DE ces deux familles (a) que nous venons de voir, l'une, étant augmentée du double de l'autre, a donné vingt millions d'hommes à l'état. Imaginez qu'une maladie épidémique vient attaquer celle qui n'est composée que de dix millions de personnes, & la réduit à dix mille ; ce nombre étant la deux-millième partie de vingt millions, on voit que chacun de ces dix mille possédera lui seul autant que deux mille personnes de l'autre famille. Tel dut être le sort des Benjami-tes, après que les autres tribus eurent réduit la leur à 600 (b) hommes:

(b) Judicum, c. XX, v. 47.

ines : car le légiflateur ayant affigné un fonds (1) fixe pour chaque tribu, ceux qui échappèrent au maffacre (2) partagèrent entr'eux les biens qui étoient auparavant repartis entre tous leurs frères.

On voit que chacun de ces dix mille fera ce que nous avons appellé aifé (3). Cependant, fi, peu-à-peu, les aifés ont acquis les

---

(1) *Nec fibi mifceantur tribus, fed ita maneant.* Num. cap. XXXIV, verf. 9.

(2) Jofephe dit (a) que l'on envoya des députés au refte de la tribu de Benjamin, & qu'ils leur dirent qu'on leur rendroit leurs terres, & qu'on leur donneroit du bétail.

(a) L. V, c. I, trad. d'Arn. d'Andilly.

(3) Monfieur le maréchal de Vauban comptoit (b) 19094146 perfonnes en France, & feulement dix mille familles à leur aife. J'aurai occafion de montrer, dans la fuite, que ce calcul ne peut être vrai : mais l'on verra bientôt, & l'on peut déjà voir par ce qui précède, que ces dix mille familles peuvent fe réfoudre de telle forte qu'il ne fe trouveroit à la fin que dix mille riches, & même un moindre nombre, qui pourroit encore diminuer jufqu'à l'unité ; mais qui ne peut être moindre, à moins qu'on ne fuppofe l'égalité. Mais alors il n'y a plus de riches ; car tous les moyens font égaux.

(b) Dixme royale, part II, p. 180.

TOME I.   B

biens de ceux qui ne l'étoient pas; &, par exemple, que, pour les nourrir dans un temps de difette, ils aient exigé la ceffion de leurs fonds; en ce cas, ces dix mille riches poffé deroient tous les biens de l'état. Tel étoit à peu près la fituation des chofes en France, lorfque les fonds étoient paffés entre les mains des feigneurs, & que le peuple étoit ferf. Tels font encore les nobles en Pologne, & dans quelques endroits de l'Allemagne, où le payfan, loin d'avoir quelque chofe en propre, appartient lui-même à fon feigneur.

Si cette proportion de dix mille riches fur vingt millions de pauvres, effrayoit quelqu'un; qu'il fe fouvienne qu'autrefois un feul citoyen de Rome faifoit travailler (a) vingt mille efclaves; & que deux mille citoyens fem-

(a) Let. per-fan. CXII. éd. de 1758.

blables auroient employé vingt millions d'hommes. Craſſus (*a*) ne diſoit-il pas que l'on ne pouvoit s'eſtimer riche, ſi l'on n'avoit le moyen d'entretenir une armée ?

(*a*) *Plutarq͂ in Craſſe.*

II. On voit qu'il n'y a aucun des dix mille riches, qui ne dépenſe par jour autant que deux mille hommes : mais, en donnant à vivre à ces deux mille perſonnes, il les oblige de lui procurer par leurs travaux les avantages que l'opulence ſemble avoir droit d'exiger. Ainſi, pour que ces dix mille riches jouiſſent du degré d'aiſance qu'ils ont, il faut qu'il y ait vingt millions d'hommes qui travaillent pour eux.

Voilà le cas d'un état où le nombre des hommes égale celui des parts. L'induſtrie eſt réduite à zéro, & ne peut remédier aux inconvéniens du luxe abſolu.

B ij

III. Maintenant, s'il y a de l'induſtrie intérieure avec un nombre
quelconque d'hommes, & que dix
mille aiſés poſsèdent entr'eux vingt
millions d'unités; qu'on diſtribue en
progreſſion arithmétique le nombre des deux mille parts que chaque
aiſé peut donner : ſi vous conſidé-
rez chaque terme de la progreſſion
comme exprimant les rapports de
l'induſtrie & les moyens 'qu'elle
rapporte (l'unité étant la loi & le
premier terme de la progreſſion),
vous trouverez que le rapport qui
eſt entre les moyens du riche & les
moyens du plus pauvre de ceux
qui travaillent pour lui, & qui eſt
réduit à l'unité phyſique, eſt un
peu moindre que celui de (1) 63 à

---

(1) Appellant [x] le terme cherché ; le premier terme
[a], la différence égale [a], la ſomme des termes égale
[s], on aura $[x = a - \frac{1}{2}a + \sqrt{\frac{a}{a2} - \frac{a}{s} + \frac{1}{4} + \frac{2s}{a}}$; ou bien,
puiſque je dis que 63 égale [x] n = le nombre des ter-
mes, on aura $s = 63 + \frac{1}{2}n$. J'ai pris 63 plutôt que

l'unité. Suppofé que ce rapport foit jufte, on voit que ,

IV........ Comme les travaux font néceffairement dans la raifon réciproque des moyens, le plus pauvre fera contraint de travailler foixante-une fois plus que celui qui précède immédiatement le riche dans le rang de la progreffion. Mais celui-ci doit avoir foixante-un de-grés d'induftrie de plus que le pau-vre, qui, travaillant foixante-une fois plus que lui, gagne cependant foixante-une fois moins.

2........ Ce qui fait voir qu'un degré d'induftrie (1) équivaut à

---

64 ou 62, parce qu'entre les nombres entiers c'eft celui qui approche le plus près. Au refte, j'aurois pu choifir tout autre nombre, & cela fût revenu au même.

(1) Le nombre 61 exprime ici la quantité de travaux néceffaire pour faire gagner au travailleur une unité phyfique par jour. L'homme qui entre-prend de l'ouvrage à journée, & qui gagne deux unités phyfiques en travaillant au même ouvrage

foixante-un degrés de travail. Mais le fecond degré d'induftrie étant joint au premier, le fait valoir de telle forte que celui qui en a deux degrés a deux parts; au lieu que les travaux ne fe font pas valoir les uns les autres: & les foixante-un, pris enfemble, ne rapportent qu'autant que le premier degré d'induftrie; parce qu'ils expriment à la fois tout ce qu'un homme peut faire en ne gagnant que le néceffaire.

C'eft ainfi que le travail pénible de l'Ilote ne lui fournit que le néceffaire phyfique; tandis que le publicain, le peintre & le jurifconfulte, qui travaillent avec moins de fatigue, mais plus d'induftrie, gagnent infiniment plus que lui. Ceci donne une idée de la nature de

___

que celui qui n'en gagne qu'une, a déjà un degré d'induftrie; &, puifque foixante-un degrés de travail valent auffi un degré d'induftrie, il s'enfuit que cet homme en a deux.

l'induſtrie, qui n'eſt autre choſe que le ſecret d'amaſſer le plus d'unités phyſiques, avec le moins de travail qu'il eſt poſſible. Mais, dans la ſociété, le moindre travail eſt compenſé par une utilité réellement plus grande, ou qui a du moins l'apparence d'être telle.

3. Il eſt évident, par ce que nous venons de dire, que les degrés d'aiſance accompagnent les degrés d'induſtrie. Mais, puiſque les degrés de travail ſont toujours réciproquement proportionnels aux degrés d'aiſance ; ils le ſont par conſéquent auſſi aux degrés d'induſtrie : ainſi les travaux des riches ſont à ceux des pauvres comme les moyens de ceux-ci ſont à ceux des riches.

V. Puiſque la progreſſion que l'on a trouvée, & qui exprime les rapports qui ſont entre les moyens, est la même que celle des nombres naturels —:— 1. 2. 3. 4. 5. 6. 7. 8. 9. 10.......... 63 ; & que d'ailleurs chaque terme de cette progreſſion aſſigne les degrés d'aiſan-ce (*a*),& marque ceux d'induſtrie ou de travail qui doivent les rempla-cer ; on voit que le ſecond terme indique un degré d'induſtrie qui rapporte deux fois plus que celui qui le précède. Ainſi le premier ter-me exprimant le néceſſaire (*b*) phy-ſique , il eſt évident que le pauvre, qui travaille dans ce rang de la progreſſion , ne peut entretenir une femme. Quant au ſecond , à qui deux degrés d'induſtrie fourniſſent deux unités, on voit que , s'il étoit marié , il ne pourroit entretenir un enfant , à moins que le travail de ſa femme n'apportât une unité cha-que jour ; auquel cas il ſeroit à la claſſe troiſième , car il jouiroit par jour de trois unités. Mais , parce

(*a*) Art. IV.

(*b*) Art. III.

que sa femme les partageroit avec lui, il se trouveroit seulement dans la classe qui est entre l'unité & le second terme. Pour ce qui est de celui qui est dans la troisième classe, il peut à la fois entretenir une femme & nourrir un enfant. Le suivant, avec quatre unités, peut avoir en même temps une femme, un enfant & un domestique : ainsi de suite.

2. Il est évident que, si les choses s'arrangeoient ainsi que nous venons de voir qu'elles pourroient le faire, l'état seroit peuplé dans la raison des biens qu'il contient ; car chacun jouiroit d'une unité physique : & alors il n'y auroit (a) plus d'industrie, car tous seroient égaux. Ainsi, dans les anciennes républiques, où le législateur (b) cherchoit à mettre l'égalité entre les hommes, il devoit s'appliquer, sur toutes choses, à rendre le nombre

(a) Not. page 20.

(b) *Plutarq. in Lycurge.*

des citoyens égal à celui des parts.

VI. Cependant, afin que les choses allaſſent ainſi, il faudroit que chacun s'en tînt au néceſſaire phyſique. Mais une longue expérience ayant montré que perſonne ne s'en contente lorſqu'il peut avoir mieux, cela fait voir que l'homme qui, avec quatre degrés d'induſtrie, gagne quatre unités phyſiques, & pourroit avoir une femme & deux enfans, ſe garde bien d'en avoir autant; car leur nombre diminueroit l'aiſance dont il peut jouir, & qu'il regarde (a) comme le principal fruit de ſon induſtrie. Il eſt clair que ce ſeroit les claſſes ſupérieures qui devroient élever un plus grand nombre d'enfans. Mais comme on a ſouvent remarqué (b) que les familles (1) les

(a) V. dans Denys d'Hal. liv. IX, l'avis de Valerius au ſénat.

(b) Lettres ſur la monogamie.

(c) Dion, l. 56.

(1) On voit, par la harangue (c) qu'Auguſte fit aux

plus opulentes font prefque toujours les moins nombreufes ; & que
d'ailleurs, le riche placé à la foixante - troifième claffe ne peut
guère avoir foixante-trois enfans,
de même que tous ceux qui occupent les claffes inférieures jufqu'à
la quinzième ou la vingtième ; &
que même il eft rare qu'un homme
puiffe conferver quinze ou vingt
enfans, à caufe des accidens qui
affaillent leur jeuneffe : de toutes
ces raifons, on conclut que les
pays ne font jamais peuplés en
raifon du nombre des habitans
qu'ils peuvent nourrir, mais felon
les rapports inverfes de la diftribu-
tion des moyens.

2. L'on prétend que la nature

---

chevaliers Romains, qui lui demandoient la révocation
des loix juliennes, que c'étoit moins le peuple que les
grands, qui fe trouvoient gênés par ces loix, qui les
preffoient de donner des citoyens à la république épuifée par les guerres civiles.

a refusé aux femmes de l'Europe une fécondité qu'elle a accordée à celles de l'Asie : mais cette prétention ne viendroit-elle pas de la différence des préjugés, qui distribuent différemment les fortunes & font naître des idées contraires ? L'ambition d'un Chinois est d'avoir un grand nombre d'enfans : combien n y a-t-il pas de maris en Europe qui veulent que leurs femmes soient stériles ! Que l'on compare l'effet que doit faire le préjugé (a) du Tyen, avec celui que doit produire l'honneur que l'on attache à soutenir le nom & le lustre d'une famille, par des richesses présentes qui se conservent aux dépens des races futures. Ne voit-on pas souvent que la mort d'un héritier, sur qui se fondoient les espérances d'une maison, fait renaître une fécondité que le public n'osoit attendre, après vingt ans de stérilité ?

(a) Voyez le P. Martini.

Si l'on m'assuroit que, sous un certain ciel, les femmes portent deux enfans à la fois, & peuvent recommencer tous les ans ; je tomberois d'accord qu'une telle fécondité n'a point d'exemples en Europe : mais, en attendant qu'on ait trouvé un tel pays, je crois qu'il ne faut pas se presser d'attribuer au climat ce qui pourroit n'être que l'ouvrage des préjugés destructeurs, qui dérangent souvent le cours des opérations de la nature même. J'aurai occasion de montrer, dans la suite, que la Chine n'a pas vu doubler le nombre de ses habitans, depuis le (*a*) règne de Xi-hoam-Ti ; tandis que l'Angleterre compte chez elle deux fois (*b*) plus de monde qu'il n'y en avoit il y a cent cinquante ans. Ainsi le climat de l'Angleterre (du moins si l'on en juge par les effets) paroît aussi propre à seconder la

(*a*) Vingt-quatre ans avant J. C.

(*b*) Muschenbroëck, physiq. p. 2 ?, tome II.

propagation de l'espèce que celui de la Chine.

VII. Au reste, on reconnoît ici les mains de la nature prévoyante. Toujours attentive à conserver ses ouvrages, elle a bien senti qu'il n'étoit pas à propos que les états fussent peuplés dans la raison du nombre des hommes qu'ils pourroient nourrir : car, puisque chacun (a) n'auroit que le nécessaire physique, qui se consumeroit tout entier chaque jour; & que d'ailleurs, on ne connoît point de pays qui soit toujours également abondant; que la France, par exemple (b), compte rarement dix années de suite, sans une année stérile; dans ces temps malheureux, l'on verroit la faim (c) contraindre les hommes à se manger les uns les autres, & bientôt le peuple entier périroit d'inanition & de misère.

(a) Art. V, v. 2.

(b) Essai pol. sur le comm. p. 14.

(c) Male suada fames. Æneid. l. VI.

VIII. De ce que nous avons vu, que le premier terme de la progreſ-ſion exprime le néceſſaire phyſique, il ſuit encore que le ſecond terme marque le premier degré de (a) luxe; le troiſième terme indique le ſe-cond degré, & ainſi de ſuite : de ſorte que tous les termes de la pro-greſſion font voir les degrés de luxe qui s'élèvent, pour ainſi dire, les uns ſur les autres ; ce qui montre que chacun de dix mille riches voit ſoixante-une claſſes de luxe au deſ-ſous de celle où l'opulence l'a placé.

2. Si, amenée par le haſard, une maladie épidémique, une ex-curſion de l'ennemi qui ravage la campagne, ou bien une ſédition (b) qui en aura empêché les travaux, vient ôter à chacune de ces claſſes une unité ; la première devient égale à un ; & celle qui n'avoit que le néceſſaire phyſique ſe trouve

(a) Eſpr. des loix, l. VII. c. I.

(b) Ut in *Dion. Halyc.* l. V.

ne l'avoir plus, & devient égale à zéro : ainsi le luxe ne fournit plus que soixante classes au dessous de celle du riche.

3. A présent, si, dans un état qui compte vingt millions de sujets & autant de parts, le luxe d'une classe est exprimé par un nombre (1) Voy. la moyen entre 6324 & (a) 6325; il est formule. évident qu'il faut que tous travaillent pour une seule, puisque cette classe possède vingt millions d'unités (1) qui doivent être distribuées aux vingt millions d'hommes qui composent l'état.

4. Il suit de-là que le rapport qui est entre les moyens du pauvre & ceux du riche est infiniment grand ; c'est-à-dire, que l'un n'a

---

(1) L'ancien testament fournit un exemple de cette augmentation des classes du luxe, qui n'est autre chose que la suppression du luxe absolu, par l'introduction du luxe relatif. (b) *Emit igitur Joseph omnem terram Ægypti, vendentibus singulis possessiones sua præ magnitudine famis.* (b) Genèse, XLVII.

rien,

rien, & que l'autre a tout. Alors il n'y a plus que deux claſſes, dont l'une renferme tous les indigens ou tous les citoyens, & l'autre eſt remplie par le ſeul riche : d'où l'on voit que toutes les claſſes inférieures s'anéantiſſent ; & celle de l'opulence eſt devenue ɛle ſeule ce qu'étoient toutes les autres auparavant. Tel étoit Pharaon (1), & tel eſt le Mogol, à qui l'on dit que toutes les terres, les richeſſes, les biens & les perſonnes mêmes de ſes ſujets appartiennent (*a*) en propre (2). Nous verrons, dans la ſuite, en quel ſens il faut entendre les

(*a*)Méthode de géogr. p. 277. l. II.

---

(1) *Dixit ergo Joſeph (b) ad populos : En, ut cernitis, & vos & terram veſtram Pharao poſſidet ; accipite ſemina & ſerite agros.* Dans le royaume de Cornate (c) les officiers du roi prennent tout, & ne laiſſent aux habitans que la quatrième partie des revenus de la terre.

(*b*) Geneſe, c. XLVII.

(*c*) Recueil d'obſerv. &c. p. 107. l. III.

(2) Il n'y a qu'un ſeul maître dans l'Indoſtan, dit la Martiniere (d) : tout le reſte doit plutôt être regardé comme eſclaves que comme ſujets.

(*d*) Introd. à l'hiſt. de l'Aſie.

TOME I.   C

voyageurs & les géographes fur cet article, & comment un tel état peut fe foutenir.

5. Il eft évident que la conquête d'un pays, faite par un peuple qui s'empare des terres & rend efclaves les anciens colons, peut être regardée, par rapport à ceux-ci, comme l'augmentation des claffes du luxe : mais alors, c'eft le luxe abfolu (*a*) produit, parce qu'un corps pofsède tout. C'eft ainfi que les anciens comprenoient dans le droit de conquête, celui de faire efclaves les peuples conquis (*b*). Ce droit, fait pour les fiècles barbares, ne fubfifte plus en Europe, finon dans les guerres qu'elle a avec l'empire (*c*) Ottoman.

IX. Si, comparant l'article premier avec le précédent, vous ne prenez que deux claffes, l'une de riches & l'autre de pauvres ; c'eft-

(*a*) Déf. du luxe abfolu.

(*b*) *Plato de legibus, lib. I; & Arift. polit. 4.*

(*c*) *Cromer. lib. XIX.*

à-dire, fi toutes les claffes inférieures font réduites à zéro, comme (*a*) en Pologne, puifqu'il ne refte
plus que la claffe des dix mille riches ; on voit qu'il faut que chacun d'eux dépenfe par jour neuf
mille neuf cent quatre-vingt dix-
neuf fois plus qu'il ne lui faut pour
vivre.

X. Que fi, dans l'article précédent confidéré comme celui de luxe abfolu, ou dans celui de luxe
relatif, il fe trouve que l'année a
été d'un foixante - troifième plus
ftérile qu'à l'ordinaire ; comme
chacun de ces dix mille riches a
trente-une unités & $\frac{47}{63}$ de moins a
donner, en négligeant la fraction ;
on voit que d'un feul coup, fi le
nombre des hommes eft complet,
trois cent dix mille hommes ont
dû périr : &, fi la ftérilité eut em-
porté le double des parts, elle

(*a*) *Prælu-
fio in ftatut.
Polon. lib.* I.

eut détruit deux fois plus de monde ; & ainſi de ſuite. Voilà des
cauſes phyſiques de deſtruction
que le légiſlateur ne peut guère
prévenir ou arrêter : nous verrons
bientôt des cauſes morales
qu'il peut ſouvent empêcher,
& qu'il doit toujours prévoir.

2. De l'idée que nous avons
donnée de l'aiſance (a) & du luxe,
& de ce que nous avons dit que,
pour ſe procurer le repos, elle fait
travailler l'indigence ; on voit que
ſon principal avantage, c'eſt de
laiſſer la liberté de ne rien faire,
ou du moins de ne faire que ce que
l'on veut, & de vivre tranquille-
ment. Mais, ſitôt que les hommes
ſe livrent à la pareſſe qui accompagne la tranquillité, on voit naître du ſein de l'oiſiveté une multitude incroyable de beſoins & de
fantaiſies, qui, pour ſe ſatisfaire,
appellent le goût, les arts, les

(a) Art. II.

ſciences & l'induſtrie , & repartiſ-
ſent pour ainſi dire l'aiſance & le
luxe ſur tous les particuliers.

Puiſque cette partie de la morale, que l'on peut regarder comme
la ſtatique du cœur humain, entre
dans le (a) plan de cet ouvrage, je
vais m'arrêter à quelques réflexions, que j'emploierai dans la ſuite , & qui d'ailleurs ſerviront ici à
diverſifier l'ennuyeuſe monotonie
du calcul.

3. Lorſque j'ai dit que les ſoins
naiſſent de la pareſſe, c'eſt qu'il
m'a ſemblé que, de la façon dont
eſt fait l'eſprit humain, il eſt trop
actif pour pouvoir être fixé. Il ne
s'accommode (1) de la pareſſe du

(a) Voyez
la Préface.

---

(1) La philoſophie (b) eſt en elle-même une choſe admirable, & qui peut leur être fort utile (aux hommes):
mais , parce qu'elle les incommoderoit, ſi elle ſe mêloit
de leurs affaires, & ſi elle demeuroit auprès d'eux à
régler leurs paſſions, ils l'ont envoyée dans le ciel arranger les planettes & en meſurer les mouvemens , &c.

(b) Font. dia-
log. desMorts,
pag. 13., d. IV.

corps, qu'autant qu'elle lui laiſſe la liberté de ſe porter vers les objets qui lui plaiſent. Si rien ne l'occupoit, il ſeroit contraint de penſer à lui-même ; ce qui lui paroît la plus triſte de (1) toutes les occupations, parce qu'il eſt ſûr que ſon amour-propre ſera choqué de l'aſſemblage de foibleſſes dont il eſt pétri, & dont elle travaille ſans ceſſe à écarter la vue.

L'uſage de l'amour-propre eſt donc d'écarter de notre eſprit la vue de ſes foibleſſes, & de mettre entre nous & nous-mêmes le plus d'objets extérieurs qu'il eſt poſſible. Ce qui manque à l'amour-propre pour s'éloigner autant de lui-même qu'il le voudroit, eſt ce que l'on appelle des beſoins.

L'un des premiers beſoins des

(a) Tacite, *De morib. Germanorum.*

(1) *Mira* (a) *diverſitate naturæ, cum iidem homines ſic ament inertiam, & oderint quietem.*

hommes, & l'un des moyens les plus propres à les écarter d'eux-mêmes, c'eſt la ſociété. La nature, ou plutôt l'amour - propre nous rapproche les uns des autres, & forme les ſociétés civiles *(a)*. Voilà pourquoi j'ai dit que la nature avoit formé les premiers nœuds du droit civil. J'ajouterai d'autres raiſons *(b)* qui appuieront encore mon ſentiment.

(a) Ch. I, art. III, n. 1 & 4.

(b) Liv. II, ch. I.

Nous venons de voir le but de l'amour-propre. Pour y parvenir, il a le ſecret de nous éloigner tellement de nous-mêmes, qu'à la fin nous ne nous voyons plus que comme à l'extrémité d'une perſpective. Ceux qu'il tranſporte à une plus grande diſtance d'eux-mêmes ſont les moins malheureux & les plus contents.

L'Anglois, après avoir beaucoup raiſonné, trouve que la vie ne mérite pas la peine qu'on la conſerve ;

& finit par se donner la mort. Le François, plus satisfait de lui-même, s'honore des défauts pour lesquels un Anglois se tue, & qui ne l'empêchent pas de vivre content. Voilà l'effet des distances inégales où nous place notre amour-propre.

Ceux qui se voient à distances égales d'eux-mêmes jouissent d'un bonheur égal. C'est ainsi que le philosophe qui vient de résoudre un problême qui lui paroît difficile, regarde le reste des hommes comme lui étant fort inférieur, & s'estime aussi heureux que le héros qui vient de gagner une bataille, tuer des hommes, & faire chanter des *Te Deum*.

Quand les philosophes nous disent qu'ils s'étudient eux-mêmes, ils nous trompent: ils veulent bien anatomiser le cœur humain; mais c'est toujours celui des autres qu'ils

prennent pour le fujet de leurs ob-
fervations : & ceux qui fe font avi-
fés de fe voir de trop près (1) font
devenus extrêmement foibles &
craintifs. Hobbes (*a*) trembloit au
moindre vent, & redoutoit les
fantômes. Comme tout lui infpiroit
de la crainte, il (*b*) prétendoit que
cette paffion dirigeoit toutes les dé-
marches des hommes.

Pour nous éloigner de nous-
mêmes, la nature nous a ouvert
divers chemins qui conduifent également au même but. Il y a des
hommes (& ceux-là font en plus
grand nombre) qui , occupés des
travaux méchaniques, & diftribués
dans les premières claffes de la progreffion (*c*) des moyens, prennent
infenfiblement l'habitude de ne plus
penfer. Il y en a d'autres qui, à force de fatisfaire les fens, perdent

(*a*) Dia.
critique de
Bayle.

(*b*) Hobbes,
De cive.

(*c*) Art.
III & IV.

____

(1) *Qui addit fcientiam , addit & dolorem* (*d*).

(*d*) Ecclef.
liv. XVIII.

la faculté de faire ufage de leur efprit. Quelques-uns , à force de
penfer , fe font frayé un chemin
inconnu aux autres, par lequel leur
imagination les guinde, tantôt dans
le ciel , tantôt à mille lieues d'eux,
& prefque toujours vers des êtres
qui n'ont rien ou prefque rien de
réel. Lorfqu'aucun de ces trois
moyens n'eft capable de fatisfaire
un efprit inquiet, qui, de quelque
côté qu'il fe tourne , fe rencontre toujours lui-même , on le
voit s'agiter en mille façons différentes : ces fortes d'efprits deviennent ce que l'on appelle ambitieux & , felon les circonftances , forment les héros ou les fcé-
lérats.

Je pourrois fuivre ces idées ; &
il y auroit de quoi faire un livre
fur cette matière. Mais c'eft affez,
pour ce que j'ai à dire dans la fuite , de l'avoir effleurée : & il eft

évident que les diftances dont j'ai parlé peuvent être regardées comme les termes d'une progreffion : &, fi l'on prend celle qui exprime les moyens pour indiquer ces diftances, & qu'on la regarde comme repréfentant les befoins de l'efprit & les différens effets de l'amour-propre ; on en pourra déduire, pour la morale, des calculs analogues à ceux que j'ai déduits de la progreffion des moyens pour la politique. On fera dans la fuite l'application de cette méthode.

On voit que c'eft la foibleffe de notre conftitution qui fait naître les néceffités que l'on fatisfait par les travaux : mais, lorfque ceux-ci l'ont appaifée, la pareffe, autre forte de néceffité, fait à fon tour naître les befoins, que les arts, enfans de l'induftrie, s'empreffent de fatisfaire à l'envi les uns des autres.

XI. Dans la progreſſion de l'induſtrie (a) & du luxe, le nombre des hommes qui ſont dans chaque claſſe ſuit toujours la raiſon inverſe des revenus que rapporte l'induſtrie. C'eſt ainſi que la claſſe où l'on n'entre qu'avec vingt dégrés d'induſtrie, ne contient que la vingtième partie de ceux qui ſont dans la claſſe des travaux, la dix-neuvième partie de ceux qui ne tirent que deux unités de leur induſtrie, & la dix-huitième de ceux qui, avec trois dégrés d'induſtrie, ont trois parts...... Et, ſi l'on ſuppoſe que la claſſe des juriſconſultes eſt, par exemple, la cinquantième pour l'induſtrie, on trouvera 1300 hommes $+\frac{1}{2}$ pour un ſeul juriſconſulte. Mais, ſi l'on fait attention qu'une claſſe d'induſtrie, quelle qu'elle ſoit, rapporte un revenu égal; on verra qu'outre ceux qui ſont dans les claſſes inférieures

(a) Art. III & IV.

à celle de jurifconfulte, il y a encore tous ceux d'une même claffe
qui ont rapport à lui, auffi bien que
tous ceux des claffes fupérieures;
ce qui augmente de beaucoup le
nombre que l'on vient de voir.
Ceci nous fournira dans la fuite les
moyens de connoître combien,
dans un état, il faut de gens d'u-
ne certaine profeffion, afin que
toutes chofes foient proportion-
nées de telle forte que les travaux
& l'induftrie foient dans la raifon
que demande l'intérêt public. On
pourroit encore appuyer ce que l'on
vient de dire fur l'expérience : car,
fi l'on met les peintres, les méde-
cins, & les gens de lettres, chacun dans le rang de la progreffion
qu'ils occupent avec d'autres dont
l'induftrie rapporte autant que la
leur ; on trouvera qu'il y en aura
d'autant moins , que l'induftrie
leur rapporte plus; car, s'il y en

avoit beaucoup, le genre d'induftrie cefferoit de rapporter également, & defcendroit par conféquent à une claffe inférieure. C'eft
ainfi que, fi l'on multiplioit exceffivement les graveurs, ils feroient
obligés de travailler à meilleur
marché ; & leur induftrie n'étant
plus d'un même rapport, ils ne feroient plus dans la même claffe
où ils étoient auparavant. Mais,
fi le nombre des artifans d'une
même efpèce s'augmentoit exceffivement, ils ne trouveroient plus
de quoi vivre dans le genre d'induftrie qui leur fuffifoit autrefois,
& il faudroit abfolument qu'ils en
priffent un autre.

2. Comme l'induftrie ne trouve
à s'occuper qu'autant que le néceffaire ne manque pas, il eft clair
que la claffe de ceux qui travaillent
à le fournir ne peut jamais manquer d'être remplie : car, fi l'on

refuſoit d'employer l'artiſan (ce qui arriveroit ſurement ſi le néceſſaire venoit à manquer), il faudroit né-ceſſairement qu'il allât tirer ſa ſub-ſiſtance du travail de la terre. Ainſi, lorſqu'un état ſe peuple, ſans que le fonds de ſes revenus augmente, les claſſes de luxe di-minuent (*a*) & ſe replient ſur celles qui ſont au-deſſous d'elles; & celles qui ne ſont plus d'uſage vont labourer & défricher les terres qui ne rapportoient rien, & par ce moyen elles multiplient les biens de l'état. La Franche-Comté nous offre un modèle en ce gen-re (1). La terre de Sçé ſur Saône

(*a*) Ch. II ; art. II.

----

(1) Je tiens le fait que je cite ici de M. de Voltairre, qui a bien voulu éclairer un travail dont ſes lettres ſur Melon, Law & Dutot, ont fait naître les premières idées. Je le prie de recevoir ce témoignage public de ma reconnoiſſance , moins encore pour les bons offices qu'il m'a rendus & ceux qu'il m'a voulu rendre, que pour la manière obligeante & généreuſe dont il s'eſt prêté à me rendre ſervice.

contient aujourd'hui au moins deux
fois autant d'habitans qu'elle en
contenoit il y a deux cent cinquante ans. Lorsqu'elle entra dans
les partages de M. l'abbé de Lis-
tenai, elle rapportoit quatre mille
livres de rente ; & il l'a laissée à
quatre-vingt mille, après y avoir
bâti un palais magnifique. Dans les
temps où les seigneurs peu indus-
trieux ne retiroient que quatre mille livres de leur terre, le paysan
étoit sans doute indigent avec le
même fonds qui le rend riche à
présent, parce que ce fonds n'étoit
pas travaillé comme il eût dû l'ê-
tre. Aujourd'hui, on trouve dans
Scé un orfévre & pas un pauvre.
On demande comment cela s'est
pu faire. Le voici ; ou du moins
on peut le concevoir ainsi : Les familles s'étant multipliées, celles
qui vivoient sans travailler ont été
forcées de s'occuper du labourage ;

&

& le néceffaire s'étant refufé à leur pareffe, les feigneurs ont profité de ce moment pour les faire travailler à défricher des montagnes fur lefquelles ils ont cultivé des vignes, & à deffécher des marais qu'ils ont couverts de beftiaux ; ils ont trouvé des mines de fer, & le travail les a mis plus à leur aife qu'ils ne l'euffent peut-être été autrefois avec la poffeffion même des terres. Ainfi, par une fuite de la multiplication des hommes, les biens s'étant divifés, les familles riches, qui occupoient une claffe avancée dans la progreffion de l'aifance qui leur tenoit lieu d'induftrie, fe font trouvé manquer du néceffaire, & ont été obligées de s'occuper des travaux, comme nous avons dit que cela devoit arriver.

3. Les premières claffes d'induftrie expriment les travaux de première néceffité dont on ne peut

se passer. Voilà pourquoi elles contiennent un nombre d'hommes qui
est, par rapport aux autres, dans la
raison inverse du produit de leur
travail : car tout le monde, par
exemple, a besoin d'habits, de
souliers, de pain, &c. mais tout
le monde n'emploie pas des peintres, des sculpteurs, &c. &c.

4. A mesure que l'on avance
vers le plus grand terme de la progression, c'est-à-dire, vers le dégré
qui marque la plus grande aisance
& le plus grand luxe, on trouve
des classes qui travaillent de plus
en plus pour les besoins & la somp-
tuosité, & de moins en moins pour
le nécessaire & les choses qui en
approchent. Tout ceci fait sentir
la raison pour laquelle les choses
se distribuent d'elles-mêmes, de
telle sorte que les professions différentes, loin de se nuire les unes
aux autres, viennent au contraire

s'aider & se faire valoir : l'intérêt personnel , toujours actif & laborieux , a soin de tout arranger ; & presque toujours il sçait mettre entre les choses la proportion qui doit y être.

5. On voit (*a*) que l'industrie employée pour satisfaire les besoins est mieux récompensée que celle qui s'occupe à procurer le nécessaire. C'est ainsi que le laboureur est moins récompensé de son travail que l'artiste qui est moins nécessaire pour chacun en particulier , mais dont l'industrie peut réellement être plus utile par rapport au corps de l'état ; puisque , par le débit que son travail trouvera chez l'étranger , il peut , en un jour , acquérir autant d'argent ou de denrées , que le manœuvre attelé à sa charrue en apporteroit à l'état en un mois de travail pénible.

(*a*) N. 4.

D ij

6. Ceci montre que la valeur d'un homme, comparée à celle d'un autre par rapport à l'état, est dans la raison des nombres qui expriment les rangs que l'un & l'autre occupe dans la progression de l'industrie ; soit que cette industrie tire sur l'étranger pour faire valoir les productions de la terre & les manufactures ; soit qu'elle épargne à l'état des hommes, de l'argent ou autres choses semblables. On m'objectera, sans doute, que l'état pourroit subsister sans l'artiste ; mais qu'il ne peut se passer du laboureur. Je l'avoue. Mais il faut considérer que, tant qu'il y a des artistes (a), c'est une preuve certaine qu'il y a des laboureurs en proportion : car, si la classe des laboureurs (b) n'étoit pas remplie, celle des artistes ne le seroit pas non plus ; puisque, le nécessaire manquant à certaines

(a) N. 2.

(b) Siècle de Louis XIV, p. 5, t. I, éd. de Berlin.

claſſes, le luxe (*a*) diminueroit, par exemple, d'une unité ; alors la claſſe qui avoit un dégré d'induſtrie ne trouveroit plus à l'employer : & comme tous les rangs diminueroient d'une unité, elle feroit réduite (*b*) à s'employer aux travaux de première néceſſité. Ainſi la valeur de l'artiſte par rapport au laboureur feroit devenue moindre qu'elle n'étoit auparavant, puiſqu'il y auroit une unité de moins dans le nombre qui l'exprimeroit. L'on voit donc que l'état ne peut manquer de laboureurs, s'il ne veut pas ſouffrir de mendians. Mais il pourroit fort bien arriver qu'il manquât d'habiles artiſtes ; car avec les artiſtes on fera des laboureurs, ſi la néceſſité l'exige : mais ſouvent, entre mille laboureurs, à peine trouvera-t-on de quoi faire un artiſte ingénieux. Voilà pourquoi l'on tire d'ordinaire les

(*a*) Art. VIII, n. 2.

(*b*) Art. XIII.

milices dans les campagnes, avant de les tirer dans les villes ; c'eſt-à-dire, que l'état prend plutôt des défenſeurs parmi le corps des laboureurs, que dans celui des artiſtes. Au reſte, il eſt bien naturel que cela ſoit ainſi : car le travailleur ne donne à l'état que les biens que la terre lui fournit ; au lieu que l'induſtrie leur donne une valeur qu'ils empruntent de ſes mains , & qu'ils n'auroient pas ſans elle. De tout ceci l'on conclut que la valeur relative des hommes , par rapport à l'intérieur de l'état , eſt dans la raiſon du luxe. Les hommes ont auſſi une valeur relative à la diſette ou à l'abondance de ceux qui ſont chez les puiſſances voiſines : mais ce n'eſt pas ici le lieu d'en parler.

7. De la ſomme des valeurs relatives des hommes, ſe forme la valeur abſolue du ſujet par rapport

à l'état. Car les hommes , pris enfemble , valent autant que ce qu'ils
rapportent. Or ils rapportent pré-
cifément autant qu'il y a d'unités
dans les termes de la progreffion (*a*) (a) Art. III.
qui exprime les parts qui font dans
l'état, moins la fomme des unités
que l'état produit. Mais nous
avons vu que les hommes ne rapportent autant qu'ils font , que
parce que le travail des uns favorife & fait valoir l'induftrie
des autres. Il fuit de-là que, fi
l'on prend la fomme des confom-
mations de l'état, & qu'après en
avoir ôté la fomme des biens que
fournit la terre , on multiplie le
refte par la vie commune des hommes, & que l'on divife ce dernier
produit par le nombre des fujets ;
on verra combien chaque citoyen ,
l'un portant l'autre , vaut par rapport à l'état. Ceci fait fentir que
le calcul du chevalier Guillaume (*b*) (b) Arithm. politiq.

D iv

Petti n'eſt pas ſi fort hors de prati-
que qu'on l'a voulu (a) faire croire.
Nous verrons dans la ſuite ce qui
devroit entrer dans le calcul par
rapport à la forme de la conſtitu-
tion, & aux forces relatives de
l'état, eu égard aux états voiſins:
car toutes ces choſes augmentent
la valeur d'un homme, & doivent
s'envelopper dans un même cal-
cul. Cependant ſi, la ſomme des
termes de la progreſſion reſtant la
même, l'état eſt augmenté d'un
homme, on voit que tous les au-
tres en valent moins; & plus la
population augmentera, ſi le nom-
bre des termes de la progreſſion
n'augmente pas avec elle, moins
les hommes vaudront; juſqu'à ce
qu'enfin, lorſque le nombre des ſu-
jets ſera égal à celui des parts, alors
l'homme ne vaudra preſque rien
pour un état où le luxe eſt conve-
nable; mais il vaudra tout ce qu'il

(a) Melon.

peut valoir par rapport à une conftitution qui exigeroit que l'égalité régnât entre les particuliers :
mais, fi le nombre des hommes
devenoit plus grand que celui des
parts, c'eft alors que l'homme ne
vaudroit rien du tout, & que l'on
feroit obligé de s'en défaire. C'eft
ainfi que, dans une ville affiégée
où le nombre des hommes fe
trouve plus grand que les moyens
que l'on a de les nourrir, on fait
fortir les bouches inutiles, même
au hafard de les faire périr. Cette
idée fera étendue dans la fuite de
cet ouvrage (a), & l'on en fera
l'application à la pratique.

(a) Liv. XI.

8. Puifque le nombre des hommes qui font dans chaque claffe
d'induftrie eft (b) dans la raifon inverfe des revenus qu'elle rapporte,
il eft évident que chaque claffe
pofsède (c) un nombre égal d'unités phyfiques. La différence qu'il

(b) N. I.

(c) C'eft l'alterne de la première propofition.

y a entre les unes & les autres ,
c'est que ces unités font diverfe-
ment reparties entre ceux qui les
compofent : car quelques-unes gagnent en nombre d'unités ce qu'elles perdent en nombre d'hommes.

9. Si le nombre des parts qui
font dans l'état n'eft pas le plus
grand qu'il puiffe être, & que les
hommes fe multiplient; ceux qui
viendront iront augmenter le
nombre de ceux qui font répandus
dans la progreffion : & la fomme
des hommes étant plus grande
par rapport au nombre des aifés ,
il eft évident que l'induftrie augmentera ; car les termes de la progreffion augmenteront de nombre.
Voilà ce qui arriveroit à préfent
dans tous les états de l'Europe où
la population n'eft pas trop grande.
C'eft ce que l'expérience a confirmé lorfque les réfugiés de France
allèrent augmenter le nombre des

sujets des princes étrangers ; ils se font répandus dans les différentes claffes d'induftrie , & ont porté la valeur des denrées , des maifons & des terres , bien plus haut qu'elles n'étoient auparavant. Le Brandebourg eft un exemple fenfible de ceci : & l'électeur Frédéric Guillaume , fi juftement furnommé le grand , puifqu'il étoit le père de fes peuples , fçut habilement profiter de nos malheurs pour augmenter l'induftrie dans fes états , & pour élever cette puiffance qui met aujourd'hui un fi grand poids dans la balance politique de l'Europe.

10. Que fi le nombre des unités eft fixé, c'eft-à-dire, fi l'induftrie a tiré de la terre & du commerce tout ce qu'il eft poffible d'en tirer ; alors, fi la population augmente, le luxe relatif diminue : mais, tant qu'il en refte, l'opu-

lence (*a*) relative augmente, jufqu'à ce qu'enfin, lorfque le nombre des hommes égalera celui des parts, le luxe ceffera, & il n'y aura plus d'opulence.

11. Ce feroit une analyfe curieufe de voir comment, dans une grande ville, comme Paris ou Londres, font affociés ceux qui, ayant un égal revenu, fe trouvent dans le même rang de la progreffion. On trouveroit fouvent la fille débauchée, le moine inutile, l'artifte induftrieux, & le brave officier, dans une même claffe. On verroit quelquefois le charlatan, qui tue fes malades, placé vingt claffes plus haut que l'habile médecin qui les guérit. L'homme de lettres, qui éclaire le public, fe trouveroit toujours au-deffous du traitant qui travaille à le ruiner. Tout cela paroîtroit un bouleverfement univerfel à un philofophe

moral. Cependant c'eſt de ce renverſement même des choſes que naît l'ordre & l'induſtrie, d'où réſulte l'ordre général : &, pour peu que l'on examine les choſes, on eſt tenté de dire, en parlant de ce déſordre apparent, ce que M. Pope diſoit de celui qui paroît dans le monde phyſique :

> La nature n'eſt pas une aveugle puiſſance :
> C'eſt un art qui ſe cache à l'humaine ignorance.
> Ce qui paroît haſard eſt l'effet d'un deſſein
> Qui dérobe à tes yeux ſon principe & ſa fin.
> Ce qui, dans l'univers, te révolte & te bleſſe,
> Forme un parfait accord qui paſſe ta ſageſſe.
> Tout déſordre apparent eſt un ordre réel;
> Tout mal particulier, un bien univerſel.
> Et, bravant de tes ſens l'orgueilleuſe impoſture,
> Concluds que tout eſt bien dans toute la nature.

Eſſai ſur l'homme, épître I, trad. de
M. DU RESNEL.

XII. De tout ce que l'on vient de voir dans l'article précédent, il ſuit que, ſi l'on connoît le nombre précis de ceux qui ne retirent de leurs travaux que le néceſſaire physique , & si l'on sçait d'ailleurs quel est le nombre des hommes qui sont dans l'état, on connoîtra facilement combien il y a de dégrés de luxe. Et réciproquement...

2. Si l'on connoît combien il y a de dégrés de luxe dans un état, on verra combien il doit y avoir de gens qui ne travaillent que pour le nécessaire physique. Enfin, si l'on connoît l'une & l'autre de ces choses , il sera facile de voir, par le moyen des termes de la progression , combien il faut d'ouvriers de chaque profession , eu égard au dégré du luxe que permet une constitution donnée. Il est évident que , si l'on connoissoit le nombre des hommes qui sont dans une classe de la progression , & le terme de la progression où est placée cette classe , avec le nombre des parts qui sont dans l'état, on connoîtroit en même-temps le dégré

du luxe, & le nombre des travailleurs , &c.

3. Si l'on trouvoit, dans un état, confidérablement plus d'une forte d'ouvriers qu'il ne devroit y en avoir , on voit dans quelle raifon il faut en diminuer le nombre.

4. Ceci montre comment on pourroit fixer le luxe à un certain dégré; puifque, pour cela faire, il ne faut que garder entre les claffes d'induftrie la proportion que le calcul fera aifément trouver. Il eft évident qu'en fixant le luxe à un certain dégré, on fixe aufli (*a*) la population.

5. On verra comment on peut augmenter le luxe , en faifant valoir les claffes d'induftrie autant qu'il eft poffible, par les arrange-mens qu'elles peuvent recevoir. Il eft clair qu'en même-temps qu'on cherche à augmenter le luxe relatif, on tend à augmenter (*b*) la population.

(*a*) Art. VI.

(*b*) Id. &c.

6. Enfin l'on voit comment on pourroit anéantir le luxe, en supprimant les classes d'industrie. Tout ceci se développera dans la suite, & n'est mis ici que pour donner une idée de ce que l'on trouvera ailleurs.

XIII. Si, au lieu de se donner à la paresse (a), & d'encourager les arts en répandant les richesses, les aisés se livrent à l'avarice, voici ce qui arrivera : Qu'un seul d'entre eux (b) mette par jour une unité en réserve, il faut nécessairement qu'il y ait une personne qui jeûne ce jour-là : mais, si elle continue à mettre chaque jour une unité à part, il faut que cet homme déserte le pays, ou qu'il meure de faim au bout de neuf jours au plus tard ; encore faut-il que ce soit un homme très-robuste. On voit que l'avarice d'un homme riche fait

autant

(a) Art. X, n. 2.

(b) Comme dans l'art. I.

autant de mal à l'indigent qui en attend sa subsistance, que la stérilité dont nous avons parlé (*a*). C'est cette avarice que le législateur doit surtout s'appliquer à prévenir & à réprimer.

(*a*) Art. I, &c.

2. Si le riche, retranchant l'unité de l'homme qu'il aura fait périr, continue à mettre chaque jour une unité en réserve ; au bout de neuf jours, il aura encore tué un autre homme.

XIV. On voit que, d'une part, l'opulence du riche va tous les jours en augmentant ; & que, de l'autre, le peuple diminue continuellement : de sorte qu'enfin il se trouvera réduit à rien, en un temps qu'il seroit facile d'assigner.

2. Que si, tandis que le riche accumule, cent quatre-vingt-dix-neuf de ses confrères, imitant son exemple, détournent chaque jour

une unité; ils arrêtent la circulation du néceffaire , & ils auront
réduit à rien dix-neuf millions neuf
cent quatre-vingt-dix mille hommes en 273 ans $+\frac{6}{73}+$ 9 jours.

XV. C'eft ainfi que l'indigence
du peuple augmentant progreffi-
vement , on le voit fe fondre , pour
ainfi dire , devant le riche , qui fe
trouve à préfent dix-neuf millions
neuf cent quatre-vingt-dix mille
une fois plus riche que fes anciens
confrères, qui viennent d'être réduits au néceffaire phyfique : car
on a vu qu'ils n'étoient aifés que
(a) Art. IV. parce que (a) deux mille hommes
travailloient pour chacun d'eux ,
ou parce que foixante-deux perfon-
(b) Art. III. nes (b) avoient entr'elles les deux
mille moins un dégré d'induf-
(c) Idem. trie (c) , ou travailloient comme
deux mille moins un.
2. Dans le cas des deux cent

riches amaſſant, on les voit qui
s'élèvent au-deſſus de leurs anciens
confrères ; de ſorte que le luxe eſt
entr'eux, & les autres ſont réduits
à l'unité phyſique.

3. Les deux articles précédens
ſont évidens, lorſque le nombre
des hommes eſt égal à celui des
parts : car, lorſque le riche, après
avoir détruit le peuple, reſte avec
9999 autres, il a, par devers lui,
toutes les unités miſes à part ; &
la claſſe a (a) un. Si des accidens (a) Art. XV.
ſemblables à ceux dont nous avons
parlé viennent déſoler le peuple,
il ſe trouve bientôt avec rien : car
c'eſt alors que le riche, pouvant
donner à vivre aux pauvres, eſt
maître de les forcer à lui céder
leurs fonds ; &, ſi cela arrive, on
retombe dans les cas que l'on a vus
ci-deſſus (b), où tout appartient à (b) Art. VIII.
un ſeul. C'eſt, en effet, de cette n. 4.
façon que Joſeph acheta toutes les

terres des Egyptiens : & cela pourroit arriver dans tous les états du monde, où une famille, ou bien une société, seroit assez riche pour profiter des malheurs de toutes les autres. Car si, lorsqu'elle aura acquis, elle met toujours de côté, elle réduira bientôt toutes les parts à un moindre nombre, & diminuera par conséquent toujours le nombre des hommes.

C'est ainsi que l'on vit le clergé de France acheter les fonds de ceux qui vendoient leur patrimoine pour courir à la conquête de la Palestine. Il est clair que, si la manie des croisades eût duré plus longtemps ; & que, toujours ambitieux, le clergé eût continué d'acquérir comme il avoit commencé, tous les fonds de l'état fussent nécessairement passés entre ses mains. Il y a apparence qu'uniquement dévoué à l'autel, il n'eût pas été capable de conferver de tels biens. Mais ſi, après de pareilles acquiſitions, les ſeigneurs eccléſiaſtiques étoient devenus guerriers, c'en étoit fait de l'état ; car ils auroient eu en main la force & les moyens de ſoutenir la guerre : &, les idées de religion venant à ſe joindre avec cela, ils auroient enchaîné les peuples dans une ſervitude & une ignorance qui ſeroient devenues éternelles, parce qu'elles leur auroient toujours été néceſſaires.

La piété des Médicis, qui n'étoit pas toujours éclairée par les lumières d'une ſaine politique, avoit toléré une loi ſingulière à Florence. Les ſubſtitutions, pour être valables, devoient appeller quelque égliſe en dernier lieu : de ſorte qu'à la longue tout l'état eût appartenu aux eccléſiaſtiques, qui ſeroient devenus ſouverains,

comme il est arrivé en quelques
endroits de l'Allemagne. Car, en
Italie, les biens du clergé étant
exempts de toute imposition, le
souverain seroit resté avec un vain
titre, tandis que le clergé se fût
trouvé avec toute la puissance.

XVI. C'est ainsi que, par les
seules combinaisons du luxe absolu , le peuple s'anéantiroit , &
quelques riches resteroient seuls.
Or on voit que cela ne peut arriver que par l'anéantissement du
luxe relatif. D'où l'on conclut
qu'autant le luxe relatif est utile
dans un état où la constitution
le permet, autant le luxe absolu
y est à craindre. Et comme le législateur doit, sur toutes choses,
avoir en vue la conservation des
hommes , il doit toujours avoir
l'œil sur le luxe absolu, qui en est
le destructeur. Tant d'orateurs qui

étalent leur rhétorique contre le luxe relatif ne se doutent pas qu'ils prêchent contre l'état. Mais que leur importe? ils trouvent toujours un auditoire qui les écoute, & des ignorans qui leur applaudissent. Heureusement pour le peuple, il ne se rencontre personne qui suive leurs principes.

2. Le luxe absolu est une maladie du corps politique, qui le mine insensiblement, & qui peut avoir ses redoublemens, si une administration mal entendue lui fournit les moyens de se montrer. Tout grand homme d'état qu'étoit le duc de Sully, il ne laissa pas de se tromper par les idées d'austérité & de réforme (a) dont il paroît qu'il étoit fort amoureux. Il eût mené insensiblement la France au luxe absolu, au lieu d'accomplir les magnifiques projets que Henri

(a) Mém. de Sully. t. II.

IV avoit faits pour le bien de son peuple.

Pendant la guerre de *succession*, la France accablée vit son crédit s'anéantir ; les traitans achetèrent à tout prix l'argent que l'étranger s'empressa de leur fournir, sûrs qu'ils étoient de le vendre encore plus cher au roi. Aussi, lorsque Louis XIV mourut, outre (*a*) deux milliards six cent millions de dettes, qui feroient aujourd'hui (*b*) quatre milliards cinq cent millions de notre (*c*) monnoie courante, l'état trouva encore trois années de son revenu mangées d'avance. Dans un tel discrédit, le luxe relatif, & avec lui l'argent, disparut ; les bourses se fermèrent : & l'on ne rencontra plus en France que que des gens qui se plaignoient : le paysan, privé du nécessaire, & accablé par la taxe arbitraire, ne trouvoit plus de quoi vivre : la

(*a*) Siècle de Louis XIV, ç. des finances.

(*b*) 1752.

(*c*) A 28 liv. le marc.

plupart des terres demeurèrent incultes, & il ne resta qu'une étincelle de commerce, à tout moment prête à s'éteindre : enfin le luxe absolu portoit la désolation partout. Cependant une banque s'ouvrit ; &, dans moins de deux années, on vit renaître le crédit ; le luxe ranima le commerce ; & la France fut étonnée de se voir riche, dans un temps où elle se croyoit totalement épuisée d'argent. Ce n'est pas qu'elle en manquât ; mais l'avarice & la crainte tenoient fermés les canaux de la circulation, que vinrent rouvrir le luxe & l'espérance d'un avenir moins orageux. On sçait les suites du *système* : & l'on peut remarquer que, dans l'espace de vingt années, on vit quatre ou cinq fois le luxe absolu se déborder en France ; & chaque fois il a failli d'en anéantir la constitution.

Si le luxe abfolu eft le mal de tous les états, il eft particulièrement celui des royaumes de Naples & de Sicile : depuis près de trois cent ans, il a toujours déchiré ces deux provinces. On eft étonné d'entendre dire que les deux plus fertiles contrées de l'Europe ne rapportoient rien aux princes de la maifon d'Autriche, aufquels elles ont appartenu fi longtemps. En voici la raifon : Lorfque Naples étoit fous la domination de l'Efpagne, les grands feigneurs du royaume portoient à Madrid les richeffes de leur pays : ce qui produifoit le luxe abfolu, par rapport au corps de l'état. Ceux qui reftoient dans leur patrie, curieux des commodités que leur vendoit l'induftrie étrangère, faifoient fortir l'argent de l'état, qui ne fçavoit pas le retenir par fon induftrie & fes manufactures : de forte que le luxe de la nobleſſe, relatif par rapport à ſes voiſins, étoit luxe abſolu par rapport au peuple, qui reſtoit noyé dans la miſère. Ainſi les ſouverains, qui ne tiroient rien des ſeigneurs, ne pouvoient rien tirer non plus d'un peuple qui n'avoit rien. On eſt ſurpris de l'humeur inconſtante des Napolitains : mais on devroit être ſurpris de voir qu'un peuple qui avoit tout à eſpérer & rien à craindre des révolutions, ne fût encore plus inconſtant.

Au luxe de ſon pays, l'Angleterre joint encore les profits que lui apporte le luxe étranger. Auſſi l'aiſance s'y trouve-t-elle dans preſque toutes les conditions. Enfin, de quelque côté qu'on regarde, on voit des traces du luxe abſolu; mais elles ne ſont nulle part ſi marquées que dans les états où le crédit public eſt le moins aſſuré.

XVII. Cette révolution caufée par l'avarice (1) ou le luxe qui tend à devenir abfolu, & qui fait paffer tous les biens entre les mains d'un feul, eft ce que nous appellerons déformais le *cercle du luxe*.

XVIII. On a vu que, fi le nombre des riches diminue au-deffous de l'unité (*a*), alors tous font égaux chacun à chacun : c'eft la *démocratie*.

(*a*) Ch. III, art. I, à la note.

XIX. Lorfqu'il n'y a que deux claffes , l'une de ceux qui n'ont rien , & (*b*) l'autre de ceux qui ont tout, c'eft l'*ariftocratie*.

(*b*) Art. IX & XIII, n. 2.

XX. Si l'on fuit la marche de celui qui , mettant chaque jour une unité en réferve (*c*), s'élève con-

(*c*) Art. XII, &c.

______

(1) *Avaritia imperiorum formas mutavit.* Ariftot. polit. p. 90, lin. 10, edit. Franc.

tinuellement; lorsqu'il aura laissé la classe des riches entre lui & le peuple, c'est le *monarque.*

XXI. Enfin, on voit naître le *despotisme*, lorsque le rapport des moyens d'un seul est comme celui de zéro à un (*a*).

(*a*) Article VIII, n. 3, & 4, &c.

XXII. Tout ceci va paroître évident, si l'on considère que, lorsqu'un homme manque du nécessaire, celui qui peut le lui donner est maître de lui prescrire telles conditions qu'il lui plaît; car il ne peut en refuser aucune, à cause du nécessaire dont il manque, & dont il ne peut se passer sans mourir; ce qui est la pire de toutes les conditions. Voilà l'origine du droit d'*esclavage.*

XXIII. On voit donc que la puissance accompagne toujours l'opu-

lence, & la fuit dans fa marche.
Ainfi le luxe enveloppe, dans la révolution de fon cercle, toutes les
fortes de conftitutions imaginables.
Nous verrons bientôt (a) comme
il fait naître, altère ou foutient les
principes qui produifent ces conftitutions.

(a) Liv. II. III . IV, V, VI, &c.

XXIV. On apperçoit d'un coup
d'œil les vues que les propofitions
précédentes peuvent fournir pour
calculer la population, le luxe, la
naiffance de l'induftrie (1), qui arrive lorfque la première claffe (b)
égale o ; fon accroiffement, lorfque plufieurs (c) claffes égalent o ;
enfin fon anéantiffement, lorfque
toutes les claffes, excepté celle du
defpote (d), égalent o, ou lorfque
le nombre des hommes est égal à

(b) Article VIII, n. 2.

(c) Art. X.

(d) Article XV, n. 3.

---

(1) *Magifter artis, ingeníque largitor
Venter . . . .*   Perf. prolog.

celui des parts poſſibles. Ce dernier cas eſt le terme de l'induſtrie ; car elle ne peut augmenter. On voit déjà que le terme du luxe relatif & abſolu, celui de la population & de l'induſtrie, ſont les mêmes. Si l'on compare différens dégrés de population avec différens dégrés d'induſtrie ; par exemple, ſix de ces dégrés comparés à ſix autres ; & que l'on recherche enſuite les rapports qui ſont entre ceux que l'on a trouvés, avec un nombre quelconque de dégrés de luxe ou de travaux, par exemple 12 : comparant dégrés à dégrés, puis chacune de ces choſes priſes deux à deux, trois à trois, &c. , on aura 13917242888872529999425
120412002000 ⎧ *rap-*
＋ ⎛ 8081400200 ⎝ *ports.*

Si l'on combine encore les dégrés de travaux, on aura une ſomme bien plus grande que la précédente ; de telle forte que l'on peut trouver autant de ces rapports que l'on voudra. L'analyfe enfeignera les moyens de les chercher facilement : dans le chapitre V , on en trouvera quelques-uns que j'ai réduits en raifonnement, & qui feront juger combien il feroit curieux de développer les autres.

On ne fera plus furpris à préfent de voir que les hiftoriens (a) nous parlent, à tous momens, des dettes du peuple Romain, & des colonies que le fénat étoit obligé d'envoyer dans les terres conquifes , pour délivrer la ville des pauvres qui la défoloient. Ces loix agraires (b) fouhaitées dans tous les temps par un peuple enrichi des dépouilles de tous les autres, & qui fe plaint toujours de fon indigence, ne peuvent manquer d'étonner un lecteur attentif. Mais la furprife ceffe, dès que la réflexion

(a) *Dion. Halic. lib. V & XI. Tit. Liv. lib. II, III & VIII. Decad. I, Val. Max. lib. IX.*

(b) *Tite-Liv. Decad. I.*

xîon fait voir que le luxe de Rome tendoit toujours à devenir abfolu. Les riches amaſſoient; & la cenſure les empêchoit de rendre à la circulation les richeſſes qu'ils avoient (*a*) entaſſées ; de forte que le peuple ſe trouvoit à tout moment dans un état d'épuiſement & d'inanition, qui empiroit tous les jours. Le défaut du luxe étoit l'artiſan ſecret de la misère du peuple. D'ailleurs l'induſtrie (*b*) étant abandonnée aux eſclaves & aux étrangers, ne ſuppléoit à rien. Un préſent trifte ne laiſſoit voir après lui qu'un avenir fâcheux ; on rencontroit des inconvéniens partout, & l'on ne trouvoit de reſſources nulle part que dans un changement prochain : voilà la clef des troubles qui agitèrent la république. Les loix ſomptuaires (1), qui étoient

(*a*) C'eſt le cas des articl. XII , XIII , XIV , &c.

(*b*) *Dion. Hal. lib. II.*

____

(1) Mais furtout les trois loix, *Oppia , Orchia* & *Fannia.* Voy. *Paul Man. De leg. fumpt.*

TOME I.   F

une digue contre le luxe relatif, faifoient croître à vue d'œil le luxe abfolu, & fembloient agir autant contre le peuple que pour la conftitution. On a vu les loix que (a) Solon
fut obligé de donner à Athènes,
pour empêcher que les dettes d'une
partie des citoyens ne la fît paffer
dans l'efclavage de l'autre. On fut
obligé de faire de pareilles loix (b)
à Rome. Je laiffe à faire l'application de mes principes à ces cas particuliers, pour paffer à d'autres plus
généraux, & que l'on trouvera
peut-être plus curieux.

CHAPITRE IV.

Effets du luxe, par rapport aux mœurs des nations.

DANS la morale, comme dans la physique, un mouvement en occasionne toujours un autre, qui produit de nouveaux rapports entre les êtres sur lesquels il agit. Ce sont ces rapports que le luxe fait naître dans les idées, qui forment ce que l'on appelle l'esprit des différens siècles.

Nous avons vu (*a*) que l'aisance occasionnoit, à la fois, la paresse & le luxe, qui font naître les besoins, qui à leur tour vont armer les arts. On voit donc que les arts ne doivent se montrer qu'avec le luxe. En effet, ils étoient étrangers à Sparte, dont le superflu

(*a*) Article X, n. 2.

(a) Plutarq. in Lycurg.
étoit banni par les loix (a).

(b) Article XXIII, VIII, III.
Nous avons (b) montré la naiſ-
ſance du luxe qui eſt ſuivie de
celle de l'induſtrie, qui amène les
arts avec elle. On voit donc qu'ils
doivent ſuivre le luxe, & s'é-
lever avec lui, puiſque l'induſtrie qui les accompagne ſuit le
luxe dans ſa marche. En effet, ce
fut lorſqu'Athènes, par ſon opulence, ſe trouva la première des
(c) Plutarq. in Pericl.
villes de la Gréce, que (c) Périclès employa des artiſtes de toute
eſpèce. L'on vit à la fois des
philoſophes, des poëtes & des
orateurs, tandis que des peintres
fameux, des ſculpteurs habiles,
& des graveurs ingénieux travailloient à embellir la ville. Tous les
arts parurent en même temps que
le commerce & l'architecture fleu-
riſſoient. Les ſciences vinrent éclairer Rome, & y porter la politeſſe
dans le même temps que Lucul-

lus (*a*) lui rapportoit les dépouilles
& le luxe de l'Afie : & l'on les vit
renaître une feconde fois, fous le
pontificat de Léon X, le plus gé-
néreux & le plus riche des fuc-
cefleurs de faint Pierre.

Il eft évident, par ce que l'on a
vu, que le luxe (*b*) ne peut s'introduire dans un état que lorfque l'on
y jouit du néceffaire ; car le luxe
n'eft autre chofe que la poffeffion
de plus d'unités phyfiques qu'il
n'y a d'hommes à nourrir. Ce n'eft
auffi que dans Salente (*c*) où l'on
voit Idoménée établir le fuperflu
avant d'avoir pourvu au néceffaire.

L'ambition, qui eft une paffion
agiffante, arrache les hommes à
la pareffe & leur fait méprifer le
luxe : auffi les peuples guerriers ont
toujours été des peuples ignorans.
Tels font encore les Tartares ; tels
ont été les Romains pendant plufieurs fiècles.

(a) Idem, in
Lucullo.

(b) Déf.
ch. III.

(c) Télém.

F iij

Les douceurs de l'aisance adou-
cissent les mœurs, & les arts viennent les polir. Ainsi les peuples,
qui n'ont pas connu le luxe & qui
ont ignoré les arts, ont dû être
des peuples barbares. En effet,
les sauvages du nord, qui vinrent
inonder l'empire, étoient des peuples féroces; la nature de leur climat sembloit leur refuser l'aisance,
que leur industrie ne sçavoit pas
appeller.

L'amour de la chasse ne laissant
pas lieu à la paresse, fait le même
effet que l'ambition & l'amour de
la guerre. C'est ainsi que les peuples sauvages, qui vivent de leur
chasse, ont toujours croupi dans
une ignorance extrême. On trouva des arts au Mexique, où il y
avoit du luxe : mais on ne les connut jamais dans les contrées de l'A-
mérique septentrionale, habitées
par des peuples presque aussi sau-

vages que les animaux qu'ils pour-
suivoient à la chasse.

Certaines professions donnent
l'aisance par elles-mêmes, & pro-
duisent la paresse & la tranquillité;
parce qu'elles sont accompagnées
d'une sorte de luxe qui leur est propre & qui conduit aux sciences,
filles de la spéculation & du
repos. La Chaldée & l'Egypte,
qui nourrissoient des peuples pasteurs, furent le berceau des sciences ; & les arts, des bords du
Nil, furent transplantés dans la
Grèce.

Les Tartares sont à la fois un
peuple de pasteurs & de guerriers :
ils n'ont point de demeures fixes ;
de sorte que leur vie est un voyage
continuel. C'est ce qui fait qu'ils
sont encore dans les ténèbres de
la barbarie : & l'on peut remarquer qu'ils sont encore pour
la plupart tels que les anciens

Scythes (1) dont ils defcendent. Le luxe n'ayant rien changé chez eux, ils ont retenu le même efprit, & font auffi barbares qu'ils l'étoient autrefois. Les Tartares devenus conquérans, ont trouvé des villes & des arts dans le pays qu'ils ont ufurpé : auffi ont-ils changé de caractère & de façon de vivre, & l'on peut dire qu'ils valent mieux que leurs pères.

On croiroit d'abord que l'égalité des moyens devroit réunir les hommes : point du tout. Elle tend au contraire à les féparer, parce que l'égalité leur fourniffant par elle-même ce qui leur faut (2), &

---

(1)   *Campeftres melius Scythæ,*
     Quorum plauftra vagas ritè trahunt domos, &c.
                    Horat. od. XXIV. lib. III.

(2) Voyez ce que la Pauvreté dit à Crémille, dans le Plutus d'Ariftophane (a) : » Si Plutus voyoit clair com-
» me autrefois, il fe donneroit à tous également, & il
» n'y auroit plus perfonne qui fe fouciât d'apprendre les

(a) Act. II. Scen. V.

ne leur laiſſant rien eſpérer de leurs voiſins, ils en ſont moins liés par des beſoins réciproques. L'on remarque auſſi que les pays où l'égalité règne davantage entre les hommes, ſont ceux où ils ſont les plus diſperſés : tels ſont encore les Tartares & les Américains.

Mais ſi, au lieu de les ſéparer, vous réuniſſez les hommes, vous verrez bientôt le luxe & les arts aimables venir à la ſuite. Si l'on en croit les poëſies d'Homère, la Gréce devoit être fort peuplée peu de temps avant lui : & cette quantité de princes qui allèrent brûler Troye montre qu'il y avoit alors un luxe aſſez grand. Auſſi vit-on le goût & les arts de ſon temps ; car il nomme beaucoup d'artiſtes, & il étoit lui-même le

---

arts ni les métiers, ni qui voulût les exercer : & , cela « étant, qui de vous ſera forgeron ? « &c.

plus grand de tous. Mais, peu de
temps après lui, la Gréce se divisa
& cessa de connoître le superflu.
Aussi le goût & les arts étoient
restés tellement ensevelis, que,
jusqu'au temps de Lycurgue (*a*), on
connut à peine de nom les poëmes
d'Homère. L'on peut juger de la
magnificence de ces temps gros-
siers, par l'équipage dans lequel (*b*)
le petit-fils du roi Pitthée alla trouver son père qui régnoit dans l'Attique.

Les peuples misérables n'élèvent point de temples aux dieux ;
& l'illustre auteur de l'*Esprit des
loix* (*c*) a remarqué que l'on ne
voit point bâtir de temples chez
les peuples qui n'ont point de
maisons eux-mêmes, & que ces
peuples ne sont point policés.
Ce n'est point parce qu'ils n'ont
point de temples qu'ils sont tels ;
mais c'est parce que le défaut du

(*a*) *Plutarq. in Lycurg.*

(*b*) Idem, *in Theseo.*

(*c*) L. XXV, ch. III.

luxe, suite néceſſaire d'une vie errante & vagabonde, leur ôte les moyens d'en élever & de ſe polir.

La politeſſe de l'eſprit eſt une suite de la déférence que les hom-mes ont les uns pour les autres. Mais cette déférence ne peut être que par un effet des beſoins réci-proques qui lient les citoyens. On a vu que le luxe ſeul (*a*) fait naître ces beſoins; il eſt donc le père de la politeſſe. En effet, on compte la politeſſe des nations par le luxe qu'on voit règner chez elles; & la groſſièreté eſt reléguée dans les villages où le luxe n'a pu parvenir.

(*a*) Ch. III, art. X, n. 2.

L'on voit que le luxe relatif eſt le plus grand qu'il ſoit poſſible, lorſque la progreſſion qui en ex-prime les dégrés contient tous les termes qu'elle peut avoir. Ainſi le moment où les arts & la politesse fleuriroient le plus sera celui où la quantité de termes de la progression de l'industrie sera exprimée par le plus grand nombre possible. Il paroît que le siècle dans lequel vivoient les Périclès, les Alcibiade, les Socrate & les Platon, &c., étoit celui où le luxe relatif fut porté à son plus haut point. Ce dont on conviendra facilement, si l'on fait attention que c'est dans ces temps que le peuple d'Athènes donna le moins de marques de son naturel remuant : aussi n'attaqua-t-il pas le gouvernement ; & la politesse parvint à ce dégré, qui depuis rendit l'Attique si fameuse chez tous les autres peuples qui croupissoient alors dans l'ignorance, & que les Grecs avoient raison d'appeller barbares.

Lorsqu'il y a égalité dans les moyens, il n'y a plus de luxe, & les arts s'anéantissent. On verra, dans la suite, que la même chofe doit arriver lorfque le luxe abfolu règnera dans un état. C'eft ainfi que la France étoit prefque auffi peu polie dans le dixième fiècle, que le fut autrefois Lacédémone.

Nous verrons dans la fuite (a) comment le luxe influe fur les opinions des hommes, & par quel enchantement il a pu faire naître & foutenir des fectes qui nous paroiffent fi ridicules à préfent, & qui ne le paroiffent point du tout aux peuples qui les ont embraffées.

De tout ceci, on peut conclure que, pour entretenir l induftrie, il faut encourager les arts & le luxe qui font goûter les douceurs de l'aifance, & qui, de concert avec la pareffe, travaillent à faire éclore & à fatisfaire des befoins nouveaux. Le czar Pierre, qui vouloit faire fleurir l'induftrie dans fon pays, commença par y naturalifer les arts:

(a) L. XIII.

il encouragea le luxe, en appellant à la cour un sexe qui est si bien
fait pour elle. L'on vit au contraire
l'industrie tomber à Constantino-
ple, lorsque les arts repassèrent en
Italie ; & la Grèce devint barbare.
Tout ce que nous venons de dire
se développera encore mieux dans
la suite.

CHAPITRE V.

Conséquence des chapitres pré-cédens.

I. Le luxe, qui devient abfolu par une fuite de combinaifons (*a*), augmente le nombre des pauvres, & diminue par conféquent celui des riches. Moins le nombre de ceux-ci eft grand (*b*), plus auffi eft grande leur puiffance abfolue dans le cas de dépopulation, & leur puif-fance *relative* dans le cas de popu-lation.

C'eft ainfi qu'en Angleterre, lorfque le peuple étoit peu nom-breux, la puiffance abfolue de la nobleffe étoit exceffivement gran-de (*c*) : « les feigneurs étoient feuls maîtres, feuls propriétaires des «

(*a*) Ch. III.

(*b*) Ch. III, article XIII. Comparez art. XXII & art. III, c. II.

(*c*) Hift. du parl. d'An-gleterre, p. 197.

» terres. C'étoient comme autant
» de souverains, qui tenoient leurs
» cours séparées dans les provinces,
» & qui y exerçoient leur domina-
» tion ou leur tyrannie.........
» Les communes étoient leurs vaf-
» saux. Ils étoient obligés de pren-
» dre les armes par leurs ordres,
» de servir à la guerre sous leur
» conduite, & de paroître à leur
» suite dans toutes les occasions
» publiques «. De sorte que ce peuple, aujourd'hui si jaloux de sa liberté, étoit alors serf. Le luxe absolu par rapport au corps du peuple, relatif seulement entre les riches, avoit ourdi la servitude de la nation. Mais lorsque Henry VII eut trouvé le secret d'affoi- blir le corps de la noblesse, en fournissant à celui du peuple les moyens de se relever & de s'en- richir; la puissance des nobles ne fut plus qu'une puissance relative;

parce

parce que, comme nous le dirons
bientôt, ce changement diminua
le nombre des riches nobles, &
augmenta celui des riches rotu-
riers. Ainsi, sous les rois qui précédèrent Henry VII, la puissance
des seigneurs étoit absolue : la façon dont Henry VIII les traita
fit bien voir que, sous son règne,
ils n'avoient plus qu'une puissance
relative.

II. (1) L'article précédent fait
voir que l'aisance du peuple est
dans la raison inverse de la puissance absolue des riches, dans le
cas de population ; & dans la raison de leur puissance relative, dans
le cas de dépopulation.

C'est ainsi qu'en Pologne, où la
puissance des nobles est excessive,

____

(1) Il faut se souvenir que l'on compare toujeurs un
temps à un autre.

l'aifance du peuple n'eft rien ; qu'autant que le feigneur à qui il appartient veut qu'elle foit quelque chofe. Mais, en France & en Angleterre, où la nobleffe n'a qu'une puiffance relative, le peuple partage l'aifance avec elle : Et il n'eft pas à craindre que le luxe abfolu vienne la détruire, comme cela peut arriver dans les pays de fervitude : car le feigneur qui, en France & en Angleterre, n'a par lui-même que la puiffance relative qu'il tire de fes richeffes & de fon crédit, eft porté à les employer pour maintenir ou pour augmenter cette puiffance : ainfi l'ambition fe joignant au plaifir de dépenfer fon revenu, rarement il eft tenté d'amaffer. Mais, dans le pays ferf, le noble eft maître d'accumuler tant qu'il veut ; car il voit qu'en dépenfant, il ne peut être plus confidéré, puifqu'il eft déjà

le premier chez lui, & en quelque
façon égal à tous les autres : ainfi,
à moins que le plaifir de fatisfaire
fa vanité ne le porte à ufer de fes
biens, l'avarice l'engagera à les
renfermer : ce qui produira le luxe
abfolu.

III. La population eft donc dans
(*a*) la raifon inverfe de la puiffance
des riches : ceci eft pour un état
fuppofé fans induftrie. Mais, fi l'on
admet de l'induftrie, on trouvera
que la population eft dans la raifon compofée de l'inverfe de l'aifance & de la directe de l'induftrie, d'un temps à un autre (fi les
riches ou les aifés font fuppofés
n'avoir point d'induftrie) : mais, s'ils
ont de l'induftrie, la population fera
de même, à peu près , que dans le
cas où il n'y a point d'induftrie.

On voit facilement ce qui arriveroit, fi l'induftrie des riches étoit

(*a*) Art. II.

plus grande que celle du peuple, ou si elle étoit moindre. Cela est trop facile pour nous y arrêter. On apportera, dans la suite, des exemples qui serviront de preuves à ce que l'on vient de dire.

IV. Il suit des articles précédens que la raison de la puissance absolue ou relative des riches, prise en un temps, est, à la même puissance absolue ou relative prise en un autre temps, dans la raison composée de la directe du luxe absolu ou relatif, & de la réciproque du dégré de population, d'un temps à un autre. On peut appliquer cet article à l'état de la France sous le règne de Louis d'Outremer, & à la situation où les choses sont aujourd'hui.

V. Ces quatre articles comparés avec l'état de la constitution, font voir jufqu'à quel point les fubftitutions & autres priviléges de cette nature doivent avoir lieu, & dans quelles bornes il convient de les renfermer eu égard aux différentes conftitutions. C'eft ainfi que, dans les états où la puiffance de la nobleffe veut être grande, comme à Gènes, en Pologne, à Venife, l'ufage des fubftitutions eft convenable ; car elles tendent au luxe abfolu du corps des nobles. Cependant le droit de fubftituer ne doit pas être indéfini ; car un feul viendroit à la fin à tout réunir entre fes mains par fucceffion ou autrement, & l'on verroit le defpotifme s'élever. Comme cela feroit plus à craindre à Venife & à Gènes, qu'en Pologne, on voit que la permiffion de fubftituer peut être plus étendue dans ce royaume, que dans les deux républiques dont nous venons de parler.

Giij

2. En Angleterre, où la puiſſance du peuple doit être capable de ſoutenir ſes droits & ſa liberté, il ne faut point que l'on
ſubſtitue.

3. Dans un royaume où l'on
voudroit que la nobleſſe ne fût que
diſtinguée, il faut limiter le droit
des ſubſtitutions. Et ſi l'état eſt fort
étendu, & qu'il contienne des provinces qui s'enrichiſſent par un
genre d'induſtrie différent, on fera
ſagement de compaſſer ce droit
avec le genre d'induſtrie de la province dans laquelle on veut l'établir. Le miniſtère de France ſemble avoir bien conçu cette théorie,
lorſqu'il refuſa d'adopter les idées
du célèbre abbé de Saint-Pierre (a)
ſur les ſubſtitutions. Toutes ſpécieuſes qu'étoient ſes raiſons, il eſt
ſûr qu'elles ne s'accordoient pas
avec le plan de notre gouvernement; & l'on agit très-prudemment

(a) Voyez ſes ouvr. polit. tom. I, pag. 385.

en les rejettant. Ce projet devoit être présenté avant le cardinal de Richelieu, ou même avant le règne de Louis XI.

4. Les loix qui défendent l'aliénation des fiefs conduisent au luxe absolu, ou du moins tendent à le conserver. Ainsi elles conviennent aux états aristocratiques, où il est important que l'indigence ne vienne pas flétrir le lustre de la noblesse : mais partout ailleurs elles sont moins convenables. On sçait quels maux elles produisirent en France sous la seconde race. L'une des plus fines menées de la politique des rois d'Angleterre, ce fut lorsqu'ils permirent aux seigneurs d'aliéner leurs fiefs. Ils devenoient despotiques, s'ils eussent trouvé les moyens d'arrêter la puissance du peuple, comme ils sçurent renverser celle des nobles. Si j'avois un projet à donner pour un état

monarchique, je proposerois une loi qui défendît aux seigneurs l'aliénation du fief dont ils portent le nom : du reste, il importe peu à l'état qu'ils en possèdent d'autres, pourvu que la pauvreté ne les avilisse pas.

5. La loi qui donne tous les biens de la famille à l'aîné d'une maison, est bonne dans une monarchie ; mais seulement dans les temps où l'industrie est florissante & la population considérable. Cependant, puisque la puissance absolue des riches devient *(a)* grande par la dépopulation, on voit qu'alors il faut partager les biens entre les enfans.

(*a*) Art. II.

6. Dans l'aristocratie de Pologne, le droit d'aînesse peut convenir : mais il ne seroit pas si propre dans les autres gouvernemens aristocratiques simples.

7. Le droit d'aînesse ne convient

pas dans les démocraties. On en verra les raisons dans le livre où l'on traite de cette sorte de constitution.

8. Le despotisme ne souffre pas que l'on substitue; &, dans quelques pays, il ne veut pas même que l'on hérite. Cependant, au Mogol, on a trouvé une manière de substituer qui frustre le prince de ses droits sur les biens du père de famille qui vient à mourir. Celui-ci marie sa fille de son vivant, & lui fait du bien, ou lui laisse après sa mort le trésor qu'il a enfoui selon la coutume du pays. Il est évident que, dans un tel état, il ne doit point y avoir de droit d'aînesse.

9. Le retrait lignager paroît parfaitement convenable dans les aristocraties. Je ne sçais s'il convient, autant qu'il paroît d'abord, aux monarchies. Ce doute est fondé sur les raisons que l'on a appor-

tées sur les loix qui regardent l'aliénation des fiefs.

10. Si l'on regarde l'Europe comme une grande aristocratie, dont les princes souverains sont les seigneurs, on verra quelles loix ils doivent se prescrire par rapport à l'aliénation des fiefs qui dépendent d'eux. Ainsi, puisque l'on vient de dire que la substitution est convenable dans l'aristocratie (a), on voit que, dans la situation où sont les affaires de l'Europe, il faut que les biens de chaque état soient substitués à l'état. C'est donc une excellente loi que celle qui borne les appanages aux seuls hoirs mâles. Par-là, ils ne peuvent passer en d'autres mains ; & les états conservent la puissance qu'il est convenable qu'ils aient relativement les uns aux autres.

11. La division des fiefs ne convient pas dans les maisons souve-

(a) Art. V, r. 1.

raines, qui doivent se regarder comme étant dans le cas de l'aristocratie. Aussi est-ce une sage politique, sur laquelle on s'est presque accordé dans tous les états de l'Europe, & qui épargnera bien des guerres.

12. Il faut (a) que les fiefs soient inaliénables. Ainsi ce fut sagement fait aux députés de Bourgogne de refuser au roi François premier (b) la ratification du traité de Madrid, par lequel Charles quint avoit obtenu la cession de leur province.

(a) N. 4.

(b) Voyez l'histoire de monsieur le présidentHénault.

13. L'on a vu que, dans (c) l'aristocratie, il ne faut pas permettre que les substitutions soient indéfinies : il en sera de même par rapport à l'aristocratie de l'Europe ; sans quoi, une seule maison à la fin engloutiroit toutes les autres, & l'on verroit la monarchie universelle tant redoutée.

(c) Art. V, n. 1.

14. Nous suivrons cette idée

dans le livre où nous traiterons de de l'ariſtocratie ; & nous tâcherons de faire voir les loix qui devroient faire le droit propre de l'Europe, & procurer la tranquillité des membres qui la compoſent.

15. Le retrait lignager convient dans (a) l'ariſtocratie : il convient donc auſſi dans l'état où ſont les princes de l'Europe.

16. Des principes que l'on vient d'établir, on déduit les règles que la politique doit garder par rapport à l'aliénation des domaines de l'état. Et, puiſque nous avons dit qu'ils devoient lui être ſubſtitués, on voit la ſource d'où découle le droit qu'a un prince de retirer les domaines que ſes prédéceſſeurs ont détachés de celui de la couronne. Lorſqu'on lit l'hiſtoire des différens royaumes qui compoſent l'Europe, on eſt étonné de voir avec combien de peine ils ſont parvenus à décou-

(a) Art. V, n. 9.

vrir un petit nombre de maximes politiques, qu'ils emploient aujourd'hui avec succès. On a essuyé, pendant huit cent ans, les inconvéniens du partage des couronnes (a). » Sous les deux premières « races, dit M. le président Hénault, les enfans des rois parta- « geoient également la couronne « entr'eux. Sous le commencement « de la troisième, l'inconvénient « de ces partages fit prendre le parti « de démembrer quelques portions « de terres, dont le prince avoit la « propriété. Enfin ce ne fut que sous « le règne (b) de Philippe le bel « que cette loi reçut sa perfection. « En l'attendant, les peuples & les princes souffrirent une infinité de guerres sanglantes, qui ne contribuèrent pas peu à tenir la France dans cette barbarie d'où elle n'est sortie que bien tard. Ceci fait sentir la nécessité qu'il y a d'avoir de

(a) Règne de Philippe le hardi, année 1183, &c.

(b) 1314.

bons livres qui éclaircissent ces matières. Ce seroit rendre un vrai service à tous les princes, & à leurs peuples, de chercher les règles les plus capables de maintenir cet équilibre qui fait la tranquillité de l'Europe : &, pour cela, il faudroit avoir un droit propre pour cette belle partie du monde, qui montrât ce qu'il est de l'intérêt des princes de faire, soit pour se maintenir chacun chez eux, soit pour se maintenir à l'égard les uns des autres. Un tel ouvrage seroit bien plus utile que le droit de la nature & des gens, & d'autres livres semblables, qui, pour excellens qu'ils soient, n'en sont pas moins inutiles dans la pratique. Voilà une vaste carrière, je n'ai osé tenter de la parcourir ; mais on trouvera, dans le courant de cet ouvrage, quelques morceaux qui y ont assez de rapport.

Le lecteur pourra chercher les

rapports que les articles précédens
peuvent lui fournir. J'ose lui pro-
mettre qu'il trouvera des choses
curieuses, s'il veut suivre le fil que
je lui mets en main. Je crains de
m'étendre trop, & je souhaite surtout de donner matière à penser.

VI. Comme la première vue du
législateur doit être (*a*) le salut de
l'état, qui dépend de sa force relative à celle de (*b*) l'étranger, & que
d'ailleurs cette force relative dépend du nombre des hommes que
l'état contient, il s'ensuit que le
législateur doit favoriser, autant
qu'il est en son pouvoir, la multiplication des hommes; du moins
tant qu'elle n'est pas préjudiciable
à la constitution; ce qui ne peut
arriver que dans le cas où l'industrie égale o, ou bien dans celui
où l'industrie est rejettée par la nature du gouvernement. Les Grecs

avoient fait des loix (1) pour s'oppofer à la population : nous en verrons les raifons dans la fuite. Mais,
dans l'état préfent de l'Europe, il
eft peu d'états qui fe refufent à la
population, quoique tous ne prennent pas également les voies qui
peuvent y conduire.

VII. Des propofitions du troifième chapitre, on déduit que.......
un pays fans induftrie (a) eft peuplé dans la raifon réciproque des
fortunes.

(a) Art. VI.

VIII. Si ce pays acquiert de
l'induftrie, il fera peuplé dans la
raifon compofée de la directe de
l'induftrie, & de la réciproque des
dégrés d'inégalité qui font entre
les fortunes.

____

(1) Voyez, dans la politique d'Ariftote, une loi in-
titulée *de coitu*, page 213, livre XXI.

Par

Par fortunes, j'entends la possession des terres.

Sous les tyrans, qui la déso-
loient & qui possédoient presque
tous les biens de la terre, l'Angleterre ne contenoit qu'une poignée
de monde : c'est ce dont on peut
juger par la facilité qu'eurent les
Saxons & les Danois lorsqu'ils firent des descentes dans cette isle,
& par le peu de résistance qu'Al-
fred trouva lorsqu'il exécuta le
dessein qu'il avoit formé de délivrer sa patrie du joug des étrangers.
Mais, depuis que l'industrie fleurit
en Angleterre, le nombre des
hommes s'y est augmenté, de sorte
que l'on compte qu'il s'est doublé
depuis deux siècles. L'on voit que,
si l'on eût tenu en Angleterre des
registres de commerce, on pourroit voir aujourd'hui quel étoit le
rapport des fortunes des citoyens
dans les temps qui précédèrent le

TOME I.   H

règne de la liberté. Car, puisqu'on auroit le rapport qui est entre les dégrés d'industrie de ce temps-là, & les dégrés d'industrie de celui-ci; en divisant le rapport composé par la directe de l'industrie, on auroit le rapport réciproque des fortunes, & par conséquent la solution du problême proposé.

IX. On voit à présent que, si le dégré d'industrie est égal au dégré d'inégalité des fortunes, la population sera dans la raison de la totalité des biens & la plus grande qu'elle puisse être, si rien ne s'y oppose d'ailleurs; car alors on aura un rapport d'égalité. C'est ainsi que les choses pouvoient être en Hollande, lorsque son industrie ne lui rapportoit pas plus que les terres qu'elle cultive.

2. Il suit de-là que, dans les républiques anciennes où l'on ne

vouloit point d'induftrie, mais où l'on s'efforçoit de maintenir l'égalité, la population devoit être dans la raifon des biens de l'état, & ne pouvoit jamais (*a*) devenir plus grande. Cela étoit ainfi à (*b*) Sparte: & Phidon de Corinthe vouloit que le nombre des citoyens & des parts (*c*) fût égal à celui des maifons de la cité.

(*a*) Ch. I, art. IV.

(*b*) Plutarq. *in Lycurgo.*

(*c*) Bayle, dictionaire critiques

Nous n'avons parlé, dans cet article, que d'un état fans commerce extérieur, où d'un état dont le commerce ne rapporte pas plus que le fonds des terres.

3. Dans ce cas d'égalité d'induftrie & de fortunes, on voit clairement que tous les moyens font égaux. La feule différence qu'il y aura entre les moyens des uns & des autres, c'eft que la fortune des premiers fera fondée fur la propriété des biens, qui eft ftable; au lieu que celle des autres ne fera

appuyée que sur l'industrie, dont le revenu peut manquer.

4. Mais aussi cette propriété des biens ne peut rapporter qu'une certaine valeur, au delà de laquelle il n'y a plus rien à espérer ; au lieu que l'industrie peut augmenter de telle sorte, par le commerce que l'on fait avec l'étranger, qu'elle rapportera plus que la propriété même des biens. C'est alors que l'inégalité des fortunes est dans la raison de l'unité au dégré [x] de fortune du propriétaire. C'est ainsi que le fabriquant, l'entrepreneur, le banquier, &c. qui ont leurs fonds dans un commerce d'industrie qui rapporte plus que la propriété des terres, préféreront l'argent à la propriété, & seront réellement plus riches avec un fonds égal ; & cela par la différente valeur qu'ils peuvent donner à un même bien.

X. L'on voit donc que la population ne peut être plus grande
que celle que comporte la quantité des parts que la terre peut four-
nir, & cela dans la raison de $[\,x\ \grave{a}\ i\,]$;
c'eſt-à-dire dans la raiſon du dégré
dont l'induſtrie ſurpaſſe la fortune
du particulier, qui eſt regardée
comme l'unité. Telle eſt, en effet,
la province de Hollande. Si l'on
peut s'aſſurer ſur ce qu'a avancé
M. Janiſſon, on en déduit, par le
calcul, qu'elle pourroit encore
être peuplée dix-neuf fois & $\frac{29}{32}$ de
plus qu'elle ne l'eſt aujourd'hui :
mais alors il faudroit que l'égalité
s'introduisît. On peut ajouter que,
ſi l'induſtrie ſe ſoutient ſur le même
pied qu'elle étoit lorſque l'auteur
que je viens de citer écrivoit, la
Hollande viendra, à peu de choſe
près, à cet excès de population : ce
qui feroit très-croyable, ſi l'on ju-
geoit de l'avenir par le paſſé. Mais,

H iij

pour cela, il faudroit que les états voisins n'augmentaffent pas leur commerce : ce qu'ils ne paroiffent pas difpofés à faire, dans un fiècle où l'intérêt & l'exemple même des Hollandois a ouvert les yeux à tous les peuples de l'Europe.

XI. Les (1) deux articles précédens font voir fenfiblement que le luxe ne peut achever fon cercle, tant qu'il y a quelques dégrés de commerce ou d'induftrie extérieure. Mais, comme l'exceffive population fait l'induftrie (a) égale à o, on voit qu'elle accélère le cercle

(a) Ch. II, not. I.

---

(1) Si la population n'eft pas telle dans tous les états refpectivement, il faut confidérer le nombre des hommes qu'emportent les maladies épidémiques & les guerres, qui, felon qu'on l'a remarqué, font périr un cinquième des foldats qui compofent les armées. On peut ajouter à cela le nombre des célibataires, qui retardent les progrès de la population; & plufieurs autres caufes, que l'on peut facilement comprendre dans le calcul, par les méthodes que nous donnerons dans la fuite.

du luxe ; & que quelques dégrés d'induſtrie, avec un dégré médiocre de population, retardent les progrès du luxe abſolu.

XII. Comme la culture des terres dépend du nombre des mains qui les cultivent, il s'enſuit que, dans un pays privé d'induſtrie, la culture (a) des terres eſt dans la raiſon inverſe de l'inégalité des fortunes.

(a) Art. VII.

Pour ſe convaincre de cette vérité, il n'y a qu'à remonter aux temps où l'inégalité des fortunes étoit fort grande en France & en Angleterre ; & comparer la culture des terres, telle qu'elle étoit alors, avec celle d'aujourd'hui ; & l'on verra la différence. J'ai lu quelque part que, depuis les guerres civiles, on avoit défriché à peu de choſe près un vingtième des terres en France. La Chine, qui eſt un pays où l'inégalité des fortunes (a) n'est pas considérable, est aussi de tous les pays le mieux cultivé. Dans les pays serfs, la culture ne seroit précisément que suffisante pour le nombre des hommes : mais ce qui fait qu'elles sont plus cultivées, c'est que, lorsque le nombre des seigneurs est fort grand, on doit le regarder comme le corps de la nation, & leurs serfs comme des esclaves ou des domestiques qu'ils emploient : ce qui fait le même effet que l'esclavage dans les anciennes républiques. Mais, lorsqu'un grand pays est serf d'un seul seigneur; celui-ci, pour l'ordinaire, réduit la servitude à l'esclavage de la glèbe : par ce moyen, le serf trouvant son intérêt dans la culture, les terres sont bien entretenues. C'est ainsi que, dans l'exemple déjà cité, Joseph (b) soumit

(b) Ch. III,
art. VIII.

les Egyptiens (1) à l'esclavage de la
glèbe; sans quoi la terre eût été mal
cultivée. Et dans un pays comme
l'Egypte, qui étoit formé par l'industrie des habitans, une telle servitude que celle du despotisme
absolu eût bientôt fait disparoître
cette belle province sous les eaux
du Nil. Nous avons encore parmi
nous un reste de servitude. Les dix-
mes que la terre du paysan paye
à l'église sont réellement l'esclavage de la glèbe; puisque, si le particulier ne payoit pas, il pourroit
être contraint par corps.

XIII. Dans les pays où il y a
de l'industrie (a), la culture des   (a) Art.
VIII.

---

(1) *Ut fruges habere possitis,* (b) *quintam partem regi* (b) Genèse. c.
dabitis : quatuor reliquis permitto vobis in sementem & in XLII. v. 24.
cibum familiis & liberis vestris.

Ex eo tempore (c) *usque in præsentem diem, in universâ* (c) Ibid. v. 25.
terrâ Ægypti, regibus quinta pars solvitur, & factum est
quasi in legem, absque terrâ sacerdotali, quæ libera ab hac
conditione fuit.

terres eft dans la raifon compofée de l'inverfe de l'inégalité des fortunes & de la directe du dégré d'induftrie.

Les Romains fentoient bien de quelle utilité étoit, pour la culture de leurs terres, l'induftrie des cultivateurs. Abandonner le foin des terres à des efclaves qui n'euffent rien eu à efpérer, c'étoit les abandonner à la négligence même. Ils cherchèrent donc à intéreffer leurs efclaves, en leur montrant la liberté, qu'ils pouvoient acquérir par une bonne régie du pécule qu'on leur donnoit. On leur faifoit même partager le profit de la régie; de forte que l'efclave fe trouvoit avoir un bien réel, qui lui apportoit proportionnellement à fon induftrie; & les terres étoient bien cultivées.

2. Cet article fait voir que, lorfque l'induftrie eft nulle & que l'iné-

galité des fortunes eſt dans la raiſon de o à 1 , il faut néceſſairement un partage des terres ; ſans quoi tous ceux qui ſont dans la claſſe o ſont ſur le point de périr. Tel étoit à peu près le cas où nous avons dit que ſe trouvoient les Romains (a), lorſqu'ils demandoient à toute force un partage des terres, & qu'ils abandonnèrent la ville pour ſe retirer ſur le Mont-ſacré ; car la fortune de quelques citoyens étoit égale à o (b), & l'induſtrie étoit nulle. Si l'on demande, à préſent, comment il ſe peut que l'induſtrie ſoit nulle dans une ville où des citoyens ont du ſuperflu, & où d'autres n'ont rien ; voici ce que l'on répond : Les pauvres auroient de l'induſtrie dans une telle ville, & gagneroient leur vie, comme le font dans nos monarchies ceux qui n'ont pas de bien par eux-mêmes. Mais les Romains avoient tous des

(a) Ch. III, art. dern.

(b) Denys d'Halycarn. livre V.

esclaves, qu'ils employoient aux ouvrages qui auroient pu exercer l'industrie des citoyens indigens : chacun, tirant du travail de son esclave ce qui lui étoit nécessaire, n'a-
voit garde de l'aller acheter des
mains de l'artiste étranger : ainsi le
pauvre n'avoit réellement aucune
ressource pour se tirer de la misère.
Voilà d'où venoit la coutume de
ces républiques anciennes de faire
esclaves les débiteurs. C'est que,
lorsqu'ils étoient insolvables, il
n'y avoit plus d'espérance qu'ils
pussent jamais payer leurs créan-
ciers. La porte de l'industrie leur
étant fermée, tout ce qu'ils pouvoient espérer, c'étoit de travailler,
pour la république, aux construc-
tions des aquéducs, des temples &
autres ouvrages : mais on sçait que,
dans les temps dont nous parlons,
l'état faisoit peu de ces sortes de
bâtimens. Encore les édiles qui en

étoient chargés y employoient-ils le plus souvent leurs esclaves propres, ou ceux de leurs amis, à qui par ce moyen ils faisoient gagner les profits. On sçait que Crassus avoit, dans le nombre (*a*) de ses esclaves, des architectes, des maçons, des charpentiers, &c.

XIV. Puisque les travaux sont inversement proportionnels aux dégrés d'aisance, ou, ce qui est la même chose, de l'inégalité des fortunes; & que d'ailleurs nous avons montré que les pays sont peuplés dans la raison réciproque de l'inégalité des fortunes; il s'ensuit qu'un état est peuplé dans la raison directe des travaux que la nature semble imposer à ses habitans. C'est ainsi que nous voyons qu'un pays de vignobles est toujours plus peuplé qu'un pays de pâturages. Ainsi la Tartarie (1) n'eſt qu'un vaſte deſert, tandis que la Chine (2) eſt ſurchargée du nombre prodigieux de ſes habitans. Ceci s'accorde parfaitement bien avec ce qu'a dit M. de Monteſquieu.

XV. Puiſqu'un état eſt peuplé dans la raiſon des travaux, on voit qu'il ſe faut bien garder d'introduire l'uſage des machines que l'art a inventées, dans le cas où ces machines diminueroient la quantité, des travaux. La machine de M. Vaucanſſon étoit ſans doute avantageuſe à l'état, puiſqu'elle épargnoit les hommes, & que l'on n'en a pas trop. D'où vient qu'elle ne put convenir à Lyon, où l'on la propoſa, & qu'elle ſouleva les

______

(1) Il y a peu de villes, & quantité de déſerts. *Méthode pour la géographie, tome II, page 250.*

(2) Les bourgades ſont infinies & fort peuplées en raiſon du labourage. *Atlas de Henry Hond. t. II, p. 669.*

ouvriers de cette grande ville, qui ne voyoient que le mal qui en résultoit par rapport à eux, & ne se doutoient pas de la bonne intention qui faisoit agir le ministère ? C'est que Lyon est une ville qui est peuplée dans la raison des travaux, & que la machine qui diminuoit la quantité des travaux ôtoit d'autant à la subsistance des hommes.

2. La même raison qui a dicté cet article fait voir que, lorsque le nombre des hommes est augmenté au point que l'industrie ne fournit plus suffisamment, il faut que les loix interdisent l'usage des machines qui font l'ouvrage que les hommes pourroient faire, & qui étoient bonnes dans un autre tems. Si la population devenoit fort grande, les machines les plus usuelles seroient les premières qu'on devroit retrancher. En Europe, ce seroit les moulins à vent,

puis les moulins à eau, aufquels on fubftitueroit les moulins à bras; à caufe que l'ufage de ces machines étant abfolument néceffaire, on feroit sûr que, de leur fuppreffion, réfulteroit l'emploi d'un grand nombre d'hommes : peut-être ôteroit-on enfuite les fontaines publiques, & l'on fe ferviroit des porteurs d'eau. Ainfi, à mefure que la population augmenteroit, on fupprimeroit des machines ; jufqu'à ce qu'enfin, lorfqu'elle feroit auffi grande qu'elle peut être, on cefferoit d'en employer aucune de celles qui diminuent les travaux & les journées des ouvriers. Je ne fçais pourquoi (a) on a révoqué en doute l'utilité préfente des moulins à eau, vu que la population n'eft pas à beaucoup près auffi grande que l'on pourroit la fouhaiter, & que le luxe préfent fournit affez d'autres genres d'induftrie pour occuper les hommes.

(a) Efprit des loix.

hommes. Nous avons dit que, lorſque l'induſtrie feroit o, & que les
moyens de la plus grande partie
de l'état feroient nuls, il faudroit
un partage égal des biens de l'état.
On voit que, s'il y avoit des machines, on pourroit reculer le partage des moyens, en interdiſant
l'emploi de ces machines.

Les eſclaves fervent leurs maîtres, & leur font à peu de frais les
ouvrages dont ils ont befoin; les
machines feroient le même effet:
ainſi le légiſlateur peut regarder,
par rapport à l'état, les eſclaves
comme des machines. Ce qui montre que, dans un état où la population feroit exceſſivement grande,
il faudroit empêcher l'eſclavage civil; ou du moins le borner de
telle forte, que les citoyens pauvres puſſent être employés par les
riches : car il eſt plus utile pour
l'état d'avoir des citoyens que des

esclaves. Le défaut d'une telle loi causa bien des troubles à Rome & dans la Gréce.

Des machines qui rapporteroient excessivement au propriétaire éleveroient tellement sa fortune au-dessus de celle de ses concitoyens, qu'il pourroit à la fin les ruiner tous, en appellant à lui toute l'industrie. Il faut donc que l'état empêche qu'un particulier n'ait de telles machines. En ce cas, le gouvernement doit les acheter, & les faire agir pour son propre compte. Par la même raison, une république comme celle de Rome devoit empêcher ce nombre prodigieux d'esclaves qu'un seul citoyen pouvoit avoir, & à l'aide desquels il pouvoit amasser des biens immenses : en effet, ce fut le moyen qu'employa (a) Crassus pour acquérir ces richesses funestes, qui furent le lien du trium-

(a) Plutarq. in Crasso.

virat qui renverfa la république. Il eft extrêmement intéreffant que, dans un état, aucun citoyen ne devienne exceffivement puiffant : il eft donc jufte de prendre les moyens qui pourroient empêcher de devenir tels ; & le roi eut raifon d'appeller à lui une partie des profits, qui eût rendu tout-à-coup exceffivement riches les affociés de la compagnie des Indes.

XVI. Mais, lorfqu'il fe préfente plus d'ouvrage que les hommes n'en peuvent faire, c'eft alors qu'il faut employer les machines, qui le multiplient & font valoir l'induftrie. Dans ce cas, la population eft dans la raifon compofée de la réciproque des travaux, & des dégrés d'aifance qu'apporte l'emploi de ces machines. Il eft évident que le père de famille, à qui l'emploi de ces machines fait une épargne, fe trouve plus aifé ; & par conféquent, fuivant ce que nous avons dit (a), eft plus porté à feconder les vues du légiflateur pour la population.

(a) Ch. III, art. VII.

XVII. Ainfi, lorfque la population eft la plus grande qu'elle puiffe être, on ne doit employer les machines que dans le cas où l'on ne peut abfolument pas employer les hommes. C'eft ainfi qu'à Sparte, où le nombre des hommes étoit le plus grand qu'il pouvoit être (parce que l'induftrie étoit o, & que le nombre des hommes étoit égal à celui des parts), on ne fe fervoit pas de machines qui euffent fait une forte d'induftrie ; mais chacun fe fervoit lui-même.

XVIII. Comme, à l'aide des machines, on fait les chofes à moins de frais que lorfqu'on y emploie les hommes ; on voit qu'il n'eft pas toujours à propos que, dans un état, les choſes ſoient débitées au meilleur compte poſſible. En ce cas, le légiſlateur néglige les avantages de quelques particuliers, pour procurer ceux de tout l'état ; & perſonne ne doit s'en plaindre (1).

C'eſt non ſeulement dans le cas où la population eſt extrême , que le légiſlateur doit rejetter les moyens qui fourniſſent certaines denrées à meilleur compte ; mais encore dans celui où l'état, fourniſſant des denrées pareilles ou équivalentes, emploie une partie de ſes ſujets à les travailler : ce qui, à la fois, fait valoir les biens-fonds des particuliers & fournit la ſubſiſtance aux autres. Or il eſt évident que le marchand qui donne-

____

(1) Caton diſoit : (a) *Nulla lex ſatis commoda omnibus eſt ; id modò quæritur, ſi majori parti & in ſummam prodeſt.* (a) Tit. Liv. lib. XXXIV, cap. III.

roit à meilleur marché dans de telles circonftances, feroit préci-fément, par rapport aux artifans que nourrit l'emploi de cette den-rée, dans le cas d'une machine qui diminueroit les travaux des hommes dans un temps (a) de po-pulation. Il faut donc que, dans une telle occafion, la loi raifonne pour les particuliers ; & les févre, pour ainfi dire, d'un avantage lé-ger qui deviendroit une perte réel-le pour l'état. Je ne fçais pas trop comment (b) Melon, qui entendoit bien le principe politique du com-merce, peut propofer d'ouvrir en France un commerce public de marchandifes prohibées, qui fe-roient tomber l'induftrie qui nous fournit aujourd'hui les moyens d'acheter ces mêmes marchandi-fes, que la défenfe même nous fait fouhaiter. Que l'on compare les avantages qui réfulteroient d'une

(a) Art. XV.

(b) Effai fur le com-merce.

telle permiſſion, avec la perte que feroit l'état du nombre d'ouvriers qu'il emploie à travailler des marchandiſes pareilles ; à celle que feroient les propriétaires des terres qui fourniſſent ces marchandiſes, ou les négocians qui en vont chercher les matières dans les pays étrangers, & les rapportent en France ; enfin à l'argent qu'elles attirent, & dont le luxe étranger s'empreſſe de récompenſer notre induſtrie. Mais, dit-on, n'y auroit-il pas d'autres genres d'induſtrie capables d'occuper ces hommes, dont vous regrettez la perte ? Oui, il y en auroit d'autres. Mais cela ne dit pas qu'il faut ſe priver de celui que l'on a préſentement : cela prouve ſeulement que l'on n'a pas aſſez de monde, & qu'on pourroit en employer davantage. Nous verrons bientôt les raiſons que l'on peut avoir de faire uſage d'une machine qui feroit perdre un genre d'induſtrie déjà accrédité dans l'état.

Ceci fait voir la ſageſſe du légiſlateur qui oblige ſes ſujets à prendre chez lui une étoffe ou une denrée que l'étranger donneroit à meilleur compte : il oblige les parties du corps à ſe ſervir les unes des autres : par une ſeule loi, il augmente chez lui l'induſtrie & les travaux (a), & par conſéquent le nombre des hommes. D'un autre côté, il diminue d'autant les forces de ſes voiſins. L'ordonnance qui arrête les marchandiſes des manufactures étrangères ſur la frontière de France, donne plus de force au royaume que cinquante mille hommes de troupes qu'il entretiendroit de plus. Les Anglois ont parfaitement mis en pratique ces maximes.

2. Comme les denrées du crû

(a) Art. X, &c.

d'un pays n'augmentent pas par elles-mêmes l'induſtrie de la nation, & demandent ordinairement peu de travaux ; on voit que des contrées qui ſeroient d'ailleurs très-fertiles, & qui donneroient des denrées très-propres pour le commerce, pourroient cependant n'être guère peuplées. Si l'on conſidère auſſi que, dans de tels pays, l'induſtrie ne diviſe pas les fortunes, on verra qu'ils doivent encore être très-pauvres : telle eſt l'Eſpagne qui, avec tout l'or des Indes, a toujours été très-pauvre & preſque déſerte.

Ce n'eſt pas toujours la denrée la plus riche par elle-même qui eſt capable de mettre un état plus à ſon aiſe & de le rendre plus floriſſant (1). Ainſi, malgré tous les

_____

(1) Par un état plus floriſſant, j'entends un état qui fait un commerce plus conſidérable & plus lucratif, &

tréfors du Mexique & du Pérou, l'Efpagne s'eft épuifée peu à peu. Ses rois, qui trouvoient, dans le revenu que leur rapportoient les mines, à peu près tout ce qui leur étoit néceffaire pour fubvenir aux dépenfes de l'état, fe font peu embarraffés du foin de faire valoir les denrées du crû de leur pays & d'exciter l'induftrie. De forte que le petit peuple, qui ne partageoit pas l'or des galions, & qui fe trouvoit fans induftrie, s'eft ruiné infenfiblement : d'où il s'en eft fuivi une dépopulation qui ne pouvoit venir plus à contre-temps, vu le nombre des Efpagnols qui avoient déjà quitté leur patrie pour aller habiter les colonies de l'Amérique. Ceci fait fentir un des grands avantages que le peuple retire de

---

qui peut oppofer des forces plus grandes à celles de fes voifins.

la néceffité où fe trouvent quelques princes de percevoir des droits fur l'induftrie. Car le prince eft perfonnellement intéreffé à favorifer cette induftrie ; & le miniftre éclairé peut voir, par la recette, s'il rapporte comme à l'ordinaire ; &, s'il produit moins qu'à l'ordinaire, il remonte à la fource de cette perte, & cherche à y apporter du remède : moyennant quoi il foutiendra toujours l'induftrie & les particuliers qu'elle fait vivre. Le commerçant ne voit que les chofes qui l'environnent ; le miniftre feul, ayant fous fes yeux toutes les branches du commerce, peut juger lefquelles il faut étayer ou même retrancher, pour le bien du corps de l'état. Les commerçans Efpagnols ne purent s'oppofer à la perte de leur commerce, & virent à regret les profits de leurs terres paffer entre des mains étrangères & ennemies.

Au reste, ce que je viens de dire n'est applicable qu'en cas de régie, & fournit encore de quoi ajouter aux avantages que quelques-uns ont prétendu qu'elle avoit sur l'administration.

3. On voit que, pour tenir un tel peuple dans un état de foiblesse, il n'y a qu'à ne pas recevoir les marchandises de son crû lorsqu'elles font fabriquées. Il est impossible qu'avec cette précaution il se tire de l'état de foiblesse ; à moins qu'en divisant les fortunes, il ne procure à ses sujets des dégrés d'aisance. Ceci fait sentir combien étoit mauvaise la politique des Espagnols, qui ont permis aux églises d'acquérir autant qu'elles ont voulu. Par ce moyen, ils se font ôté la ressource qu'ils pouvoient tirer de l'industrie intérieure, qui auroit fait passer successivement ces biens en des mains laborieuses. Si, avec

cela, les substitutions sont permifes, il est sûr que cet état doit se ruiner.

Si l'Espagne vouloit tenter de se rétablir dans l'état de force où elle a été autrefois (1), peut-être devroit-elle obliger ses colonies d'apporter leurs denrées jusques chez elle, & ouvrir le commerce à toutes les nations. Le roi pourroit se charger de faire une partie des frais du transport, & les retirer sur les douanes, par le moyen du concours des nations. Les marchandises de l'Amérique se vendroient à plus haut prix; ce qui feroit un

____

(1) Je ne sçais où l'auteur d'un fort bon livre, que le hasard m'a mis en main, a pris que jamais l'Espagne n'a été un pays peuplé. Pour prouver son sentiment, il cite les règnes des premiers rois, de Philippe II, &c. Mais, qu'il fasse attention que Ferdinand le catholique mena devant Malaga 20000 chevaux & 50000 hommes de pied, quoique l'Arragon & la Navarre ne fourniffent rien, & que le royaume de Grenade ne contribuât pas à cette guerre. Or, dans ces temps, une telle armée étoit très-confidérable.

avantage pour les vendeurs : & les manufactures, que l'on pourroit établir dans le royaume, trouve-roient un débit facile ; puisque le commerce, ouvert pour tous les peu-ples, en faciliteroit la vente. Alors l'argent circuleroit, & une partie resteroit dans le corps de l'état, par la dépense que feroient les Américains : cet argent, porté dans les provinces, produiroit l'aisance, & l'on verroit se former un peuple nouveau. L'industrie tenteroit des voies nouvelles ; &, à la place de ces vastes plaines qui restent in-cultes, on verroit partout le la-boureur occupé à défricher.

L'Espagne est située entre 35 & 44 dégrés de latitude septentrio-nale, & la Perse est renfermée en-tre le 25 & le 45ᶜ dégré de latitu-de ; l'Espagne a donc neuf dégrés de communs avec la Perse. Or, dans ces neuf dégrés, on élève en

Perſe une grande quantité de mû-
riers; l'Eſpagne pourroit donc en
élever autant. Soit qu'elle vendît
ſes ſoies crues, ſoit qu'elle les dé-
bitât toutes fabriquées, elle pourroit les donner à meilleur compte
que celles qui viennent du levant,
puiſqu'il y auroit à déduire les frais
de tranſport, les haſards, & le
temps même d'un ſi long voyage.

Une multitude de couvents
prodigieuſement riches gênent
le commerce, en ce qu'ils retirent l'argent & entretiennent la
pareſſe du peuple qu'ils nourriſ-
ſent. Ne pourroit-on pas les
obliger à affermer à différens particuliers les biens qu'ils adminiſ-
trent par eux-mêmes, & même à
paſſer des baux emphytéotiques
de ces biens ſur le pied de ce qu'ils
en tirent aujourd'hui ? Par ce
moyen, le particulier, aſſuré de

gagner en proportion de la nouvelle valeur qu'il donneroit à ces
terres, ne manqueroit pas de les
travailler le plus qu'il pourroit; &,
entre ses mains, elles augmente-
roient sûrement de valeur. Il seroit
encore facile de diriger les chari-
tés de telle sorte, que, loin d'encourager la paresse, elle se trouveroit à la fois la récompense de
l'industrie, le soutien des grandes familles, le soulagement de
la misère, & un éguillon utile
pour la multiplication des hommes.

XIX. Puisque l'industrie contri-
(a) Art. IX. bue à la (a) population, en sup-
pléant à l'inégalité des fortunes,
on voit que, dans certains états,
l'industrie ne doit pas être permise
également à toutes les conditions : sans quoi il est évident
qu'elle pourroit devenir inutile à
la

la population : car il eſt ſûr qu'elle
ſeroit toujours plus lucrative entre
les mains de ceux qui auroient le
plus de fonds pour la faire valoir ;
ce qui produiroit toujours une plus
grande inégalité, & une moindre
population. Les Athéniens prévi-
rent habilement les conſéquences
de ce principe. Comme ils avoient
des citoyens inégalement riches,
ils ne voulurent pas qu'ils puſſent
également acquérir : &, pour cela,
ils diſtribuèrent les genres d'induſtrie & de travail ; de ſorte que
les plus riches avoient ceux qui ne
rapportoient rien, comme la ma-
giſtrature, &c (a). On lit, dans
Iſocrates (b), que » les anciens ne «
pouvant obliger tous les citoyens «
à un même travail, à cauſe de «
l'inégalité de leurs fortunes, ils «
leur firent prendre des profeſſions «
conformes à l'état & aux biens de «
chacun. Pour cet effet, ils ordon- «

(a) *Plutarq.*
in Solon.
(b) Aréop.
pag. 256.

» nèrent aux plus pauvres de s'oc-
» cuper de l'agriculture & du né-
» goce ; car on ne doutoit pas alors
» que l'oifiveté ne fût la mère de la
» pauvreté , & que la pauvreté
» n'entraînât vers tous les crimes....
» Ils ordonnèrent donc aux riches
» de s'attacher aux exercices du
» manége, à la chaffe, & à la phi-
» lofopie. On vouloit que tout le
» monde s'occupât à Athènes : &
(a) In Solon. » Plutarque (a) nous dit que, par
» une loi de Dracon, l'oifiveté
» étoit punie de mort. « Solon
chargea l'aréopage de s'informer
de la manière dont chacun gagnoit
fa vie. Mais, en même temps que
l'on trouvoit bon que chacun tra-
vaillât également, on pourvut à
ce que les travaux de chacun ne
fuffent pas également récompen-
fés. Par ce moyen, on diminuoit
à la fois l'inégalité, & l'on favori-
foit la population ; car l'induftrie

des uns pouvoit égaler leurs richesses à celles des autres, qui
étoient puissans par eux-mêmes.
Une telle loi manqua à Florence,
où l'on avoit transporté celle de Solon, mais sans en prendre l'esprit.
Tout citoyen devoit travailler: mais
on ne distribua pas les ouvrages
qui convenoient à leurs fortunes.
De-là il arriva que les citoyens
déjà riches augmentèrent encore
leurs richesses à un tel point, que
bientôt (1) ils furent en état de favoriser les citoyens contre le ma-
gistrat, & de leur fournir de l'argent. Par ces moyens, les Médicis
acquirent la faveur d'un peuple

---

(1) *L' opere di Cosimo (de' Medici) che ce lo fanno*
sospetto, sono perche egli serve de' suoi danari ciascuno ; e
non solamente i privati, ma il publico ; e non solo i Fio-
rentini, ma i condottieri ; perche favorisce quello e quell'
altro cittadino che ha bisogno di magistrati ; perche e' tira
con benevolenza, ch' egli ha nell' universale, questo e quell'
altro amico a maggiori gradi d' honori, &c. Machiav.
delle historie Fiorentine, lib. IV.

K ij

toujours aveugle sur ses intérêts, &
finirent enfin par devenir princes
d'une république qui les avoit
comptés au nombre de ses citoyens.

XX. On voit que si, comme
quelques-uns l'ont proposé, on ac-
cordoit à la noblesse de France
la permission de commercer sans
craindre de dérogation, il faudroit
bien se garder de lui laisser le droit
de substituer; car une telle permission, entre les mains de gens
qui auroient des fonds si assurés,
& qui pourroient toujours les
augmenter, anéantiroit sûrement
l'industrie, & arrêteroit par con-
trecoup la population. Quel mo-
nopole ne s'ensuivroit pas d'une
telle permission ? Quel négociant
n'aimeroit pas mieux confier sa
denrée à un homme qui a un fonds
dont on peut saisir le revenu, qu'à
un marchand qui souvent n'a

pour toùt fonds que ſa réputation & ſon induſtrie ? Enfin , quel marchand oſeroit s'expoſer à aller à la traverſe du noble trafiquant , dont le crédit ſeroit capable de le perdre ? Autre conſidération : Le luxe de la nobleſſe procure une partie du débit de nos manufactures , & porte l'argent dans les provinces. Mais, ſi le noble vendoit au noble , on fermeroit les canaux qui conduiſent l'aiſance dans le corps du peuple ; ce qui meneroit au luxe abſolu par rapport à cette partie de l'état. On peut encore ajouter que le commerce porte par lui-même à l'eſprit d'économie : le permettre à la nobleſſe , c'eſt retrancher une partie de ce luxe ſalutaire , qui fait vivre tant d'artiſans qui travaillent pour lui.

Ce ſeroit encore bien pis , ſi l'on laiſſoit à la nobleſſe la liberté exclufive d'une branche du commerce, pour conferver la diftinction qui lui eft due, ainfi qu'on le propofoit dans un projet imprimé à Paris fans nom d'auteur. Une telle démarche feroit un moyen infaillible de retarder les progrès du commerce & de la population.

2. Il eft à remarquer qu'il n'y a que fix provinces en France qui n'ont pas le droit de fubftituer. Deux de ces provinces, la Normandie & la Bretagne, ont des ports faciles fur la Manche ou fur l'Océan. M. l'abbé de Saint-Pierre, dans fon projet pour perfectionner le commerce (a), propofoit d'acorder à la nobleffe le droit de commerce par mer (1).

(a) Ouvrages politiq. tome V, pag. 219.

(1) On peut ajouter à ceci que le droit de commerce par mer avoit été accordé à la nobleffe depuis 1664. De forte que c'eft là vraifemblablement une des principales raifons, qui contribua à empêcher que l'on n'exécutât le projet des fubftitutions. On ne fçait comme

Nous avons dit qu'il demandoit aussi pour elle le droit de substitutions. On voit donc que l'on avoit de grandes raisons pour empêcher la réussite de ces projets. D'ailleurs les quatre autres provinces non substituantes sont voisines de la Loire, & contiennent très-peu de monde (1) en comparaison des autres généralités : ce n'étoit donc pas le cas d'y permettre les substitutions.

Puisque je viens de parler de projets & de M. l'abbé de Saint-Pierre, je vais hasarder ici mon sentiment sur les ouvrages & sur

---

M. l'abbé de Saint-Pierre demande une permission accordée longtemps avant qu'il ne commençât son projet dans lequel il la demande.

(1) L'Auvergne, par exemple, ne contenoit en 1697 que 557068 personnes. On peut comparer ce nombre avec celui des autres généralités de France, que l'on trouvera dans le dénombrement des peuples du royaume. *Dixm. royale, partie II, page 180, édition de Hollande.*

K iv

les projets que l'on donne aux miniftres. M. l'abbé de Saint-Pierre
étoit fans contredit un des meilleurs citoyens de France. Dans le
grand nombre de projets inftructifs qu'il nous a laiffés, on en trouve qui ne font pas également pratiquables ; & l'on pourroit bien démontrer que l'exécution de quelques-uns auroit détruit l'effet de
quelques autres. C'étoit un machinifte qui ne fçavoit pas la théorie
des méchaniques : car il eft certain
qu'il connoiffoit peu l'enfemble de
notre conftitution, ou du moins
que fes fyftêmes étoient peu d'accord avec cet enfemble. C'eft
auffi la partie la plus difficile de
ces fortes d'ouvrages ; & j'en connois peu qui fe raccordent fi bien
avec le plan de notre gouvernement , que celui qui eft intitulé ;
Moyens de rendre nos religieufes
utiles , & de nous exempter des dots

qu'elles exigent. Ce petit morceau me paroît un chef-d'œuvre en son genre, soit par l'utilité dont il paroît être, soit par la simplicité des moyens qu'il emploie, soit enfin par la facilité que l'on trouveroit à l'exécuter. Quel que soit l'auteur, il mérite les louanges de tous les honnêtes gens, & des récompenses de la part du gouvernement qu'il a si bien servi.

XXI. L'on voit que (*a*), pour favoriser à la fois la population & l'industrie, on doit lui accorder des priviléges relatifs à ceux que l'on accorde aux possesseurs des terres, afin de diminuer l'inégalité : c'est ce que l'on a pratiqué très-sagement dans le Brandebourg à l'égard des colonies Françoises qui s'y réfugièrent, & y apportèrent l'industrie & les arts.

2. Mais, quand la possession des

(*a*) Art. IX, &c.

terres eſt la plus grande ſource des travaux, il faut prendre garde que ces priviléges n'ôtent les cultivateurs à la terre. En Hollande, les priviléges de l'induſtrie pourroient être plus grands que ceux des cultivateurs : c'eſt tout le contraire en Eſpagne.

XXII. L'induſtrie étant d'autant plus néceſſaire. que le nombre des hommes eſt plus grand, il s'enſuit que les priviléges que les légiſlateurs accordent à l'induſtrie doivent ſe régler ſur les rapports qui ſont entre le nombre des hommes & les dégrés d'inégalité des fortunes. Les Chinois (*a*) ont parfaitement bien entendu cette maxime.

(*a*) Voyez *Deſcript. Chine Magilla.*

XXIII. Puiſque l'induſtrie doit être relative au nombre des hommes qui ſont dans les différens pays, on voit que, dans un grand état tel qu'eſt la France, telles machines, qui ne conviendroient pas dans certaines provinces ou dans certaines villes, pourroient être bonnes dans d'autres. Dans ce cas, le légiſlateur doit avoir égard au préjudice que cette machine pourroit apporter à la province où l'on emploie des hommes, & voir s'il y auroit moyen de placer les ouvriers ailleurs.

XXIV. De tout ceci l'on déduit que, dans tous les pays de travaux, ſi l'on admet l'induſtrie, alors ils feront peuplés dans la raiſon compoſée du dégré de travaux & du dégré d'induſtrie. Telles ſont les choſes à la Chine, en Angleterre & dans preſque tous les pays du monde. Que l'on augmente les travaux en Suéde, où l'on vient d'introduire le luxe par les loix ſomptuaires, qui en proſcrivent une forte qui devenoit abfolue par rapport à l'état ; on verra bientôt le pays fe repeupler & oublier fes anciennes calamités.

XXV. Si, de plus, on compare deux opinions, dont l'une favorife la propagation & l'autre lui eft contraire ; on trouvera, dans ce pays, que la population fera dans la raifon compofée de l'inverfe (*a*) de l'inégalité des fortunes, ou de la directe des travaux & des dégrés relatifs d'induftrie, multipliés par les dégrés relatifs dont ces opinions contribuent ou s'oppofent à la population.

Comme le dégré d'induftrie de la nation des Perfes multiplié par le dégré dont leurs opinions étoient plus favorables à la propagation que la polygamie aujourd'hui introduite en Afie, & ces produits multipliés

(*a*) Art. XXIII, &c.

par les dégrés d'inégalité des fortunes pris inverfement, font aux
mêmes chofes dans l'état préfent
de la Perfe ; ainfi la population de
la Perfe, habitée par les Guébres,
eft à la population de la Perfe, aujourd'hui cultivée par des Arabes,
des Tartares & des Arméniens.

XXVI. Puifque l'induftrie eft
relative (a) au nombre des hommes
& à l'inégalité des fortunes, &
que d'ailleurs les travaux font dans
la raifon de l'inégalité (b) des
moyens ; il s'enfuit que l'induftrie
eft dans la raifon des travaux. Peu
de pays ont plus d'induftrie que la
Chine, l'Angleterre & la Hollande : auffi ces états font-ils très-
bien cultivés.

2. Ainfi on jugera du dégré
d'induftrie d'un état par les dégrés
d'oifiveté. Moins l'inégalité des
fortunes eft grande, moins auffi

(a) Ch. III,
art. III.

(b) Ib. art.
IV.

est grande l'inégalité des travaux ; & par conséquent moins est grand le dégré d'industrie, pourvu néanmoins que l'inégalité des fortunes ne soit pas extrême ; car nous avons vu que l'industrie s'anéantissoit par le luxe absolu (1).

3. Ceci fait encore voir que le défaut (*a*) d'industrie est compensé par l'égalité des fortunes ou des travaux, qui fait que la population, envisagée sous ces deux différens rapports, peut être la même : mais la force de l'état ne seroit pas aussi la même. Dans (*b*) ces deux cas, nous avons dit que les rapports que les états ont entr'eux

(*a*) Ch. III.

(*b*) Ch. I, art II.

---

(1) Il ne faut pas confondre ici l'inégalité des travaux avec la grandeur des travaux. L'inégalité a rapport au produit des travaux : elle est le germe de l'industrie. La grandeur des travaux n'a rapport qu'aux forces des travailleurs. On sent bien qu'elle doit toujours être moindre que les forces de ceux qu'on y emploie. Tout ceci doit s'entendre dans le sens de la progression proportionnelle des travaux & des besoins.

font composés des forces & des moyens. Or, ici, on n'auroit que les forces : il eſt donc de la ſageſſe du légiſlateur (lorſque la conſtitution le permet) de favoriſer la population plutôt par l'inégalité que par l'égalité des fortunes ; car à la fois il favoriſe la population qui donne des forces, & l'induſtrie qui fournit les moyens. Nous chercherons, dans la ſuite, comment on pourroit faire aller ces deux choſes de front.

Je prie que l'on remarque le parfait accord de tout ceci avec ce qui a été dit & trouvé par l'hypothèſe : c'eſt que la vérité eſt une ; elle mène à d'autres vérités, qui ſemblent remonter vers leurs ſources ; elle ſe reſſemble toujours à elle-même.

XXVII. Comme les travaux dont nous avons parlé dans les articles précédens ne font autre chofe que la culture des terres, on'déduit que le légiflateur d'un grand état, qui a deffein de favorifer l'induf- trie, doit commencer par favori- fer la culture des terres (*a*), qui eft le fond de tout : & l'induftrie, à fon tour, favorifera la culture des terres.

(*a*) Voyez Melon, pag. 4.

XXVIII. . . . . . . Car le nom- bre des hommes & l'inégalité des fortunes étant (*b*) relatifs à l'induf- trie ; d'ailleurs (*c*) l'inégalité des moyens étant dans la raifon in- verfe des travaux, il s'enfuit que les travaux font dans la raifon de l'induftrie. C'eft ainfi que l'Egypte, qui eft, de tous les pays qui font fous la domination des Turcs, celui qui a le plus d'induftrie, eft auffi le plus cultivé : Et, chez les fauvages de l'Amérique, il n'y a point d'induftrie, & l'on ne cul- tive

(*b*) Article VIII.
(*c*) Ch. III.

tive pas les terres. Quoique la culture des terres ne soit pas le principal fonds de l'industrie de la Hollande, elles y font cependant admirablement bien cultivées : mais l'Angleterre (*a*) égale en cela les pays les plus laborieux.

(*a*) Voyez les lettres de M. l'abbé le Blanc.

XXIX. Plus un pays est étendu, lorsque l'on veut qu'il soit peuplé, plus on doit y favoriser l'industrie par la culture des terres. Un des dogmes de la religion de Zoroastre portoit les hommes à se multiplier ; & la Perse étant par elle-même un état fort étendu, les rois étoient obligés de pourvoir aux besoins d'un si grand peuple. La religion commandoit aussi la culture des terres. Mais, comme c'étoit une chose plus difficile à exécuter, pour un peuple paresseux, que le commandement de multiplier, les rois ne se contentèrent pas d'encourager, par des récompenses, ceux qui ouvroient des ruisseaux nouveaux, ou défrichoient des terres incultes ; ils voulurent encore donner l'exemple au peuple : & Xénophon (a) nous apprend qu'ils ne dédaignèrent pas de s'abbaisser aux travaux de l'agriculture. On voit même, dans Cicéron (1), que Cyrus faisoit gloire d'une telle occupation. Rien n'étoit mieux lié que ces deux conseils de Zoroastre, de multiplier & de cultiver. On a vu, par plusieurs des articles précédens, que ces deux choses de-

(a) Xénoph. œconom. p. 830.

(b) Cic. de Senect.

(1) *Cyrus (b) minor, Persarum rex, præstans ingenio, atque imperii gloria; cum Lysander Lacedemonius, vir summæ virtutis, venisset ad eum Sardis, eique dona à sociis attulisset, ei quemdam conseptum agrum diligenter consitum ostendit. Quum autem admiraretur Lysander, & proceritates arborum, & directos in quincuncem ordines, & humum subactam atque puram suavitate odorum; ei Cyrus respondit : Atqui ego omnia ista sum dimensus, mei sunt ordines, mea descriptio ; multæ etiam istarum arborum mea manu sunt satæ.*

voient suivre l'une de l'autre ; &
que toutes deux ensemble devoient
porter fort loin la puissance de
l'état.

XXX. De ce que l'on vient de
dire, il suit que l'industrie augmente la valeur des terres. Car, en
augmentant (a) les travaux, elle
augmente les profits, & par conséquent la valeur du tout qui produit
ces profits. Pour s'en convaincre, il
n'y auroit qu'à jetter les yeux sur la
valeur des terres en France sous
Charles IX & sous le règne de
Louis XV : lorsqu'on aura les deux
valeurs d'une même terre dans
deux temps différens, si l'on déduit l'augmentation des monnoies,
on verra que les terres ont aujour-
d'hui une valeur relative beaucoup
plus grande que celle qu'elles
avoient alors.

Au reste, cette valeur des ter-

(a) Article XXIV.

res ne peut jamais être portée si loin que l'induſtrie ; mais elle ſuit la raiſon compoſée des dégrés de population & d'induſtrie, celle-ci diminuant à meſure que la première a paſſé le dégré où le nombre des hommes égale celui des parts que le fonds de l'état & l'induſtrie pris enſemble peuvent fournir. En effet, on voit que les terres ſe vendent à fort haut prix dans dans la Suiſſe qui eſt un pays bien peuplé ; & ſe donnent preſque pour rien dans les pays qui ne le ſont guère.

XXXI. Puiſque l'inégalité des fortunes & des travaux favoriſe (a) l'induſtrie, on voit évidemment que, lorſque les moyens & les travaux ſont égaux, il ne doit plus y avoir d'induſtrie : c'eſt alors que toute l'induſtrie eſt dans les travaux.

(a) XXVII. n. 2.

XXXII. Mais, comme nous avons démontré que, lorfque le dégré d'induftrie eft égal au dégré des moyens, la population eft la plus grande qu'elle peut être; fi l'on admet dans ce rapport d'égalité les travaux, au lieu de l'induftrie (a) qui leur eft proportionnelle, on aura la population la plus grande, lorfque le dégré des travaux eft égal aux dégrés des moyens. Mais, par l'article précédent, lorfque le dégré des travaux eft égal aux dégrés des moyens, il n'y a plus d'induftrie. Il s'enfuit donc que, lorfque la population eft la plus grande qu'elle puiffe être, l'induftrie égale zéro. Nous avons vu cette propofition démontrée par l'expérience (b); la voilà démontrée par le calcul.

2. Ceci peut auffi s'appliquer à l'induftrie extérieure. Car enfin elle a un terme; &, fi la population

L iij

(a) Art. III, ch. III.

(b) N. 1, ch. II, art. II.

vient à ce terme, on voit qu’il faut qu’elle s’arrête : car l’industrie de ceux qui naîtroient ne pourroit rien acquérir, elle seroit donc égale à zéro.

XXXIII. Comme c’est en quelque façon multiplier les hommes que de les conserver, il faut que le législateur s’attache à diminuer les causes destructives. S’il doit quelquefois rejetter l’usage des machines qui épargnent les hommes, par une suite des mêmes vues, il doit donc adopter les machines qui, ménageant les peines de ceux qu’on emploie, prolongent la vie en épargnant des effets qui usent le corps, & préparent une vieillesse inutile & souvent à charge à l’état.

Les Anglois ont toujours eu un soin extraordinaire de s’informer des découvertes les plus ingénieu-

fes (a) en ce genre, & de les naturalifer dans leur ifle.

XXXIV. Le légiflateur fe trouve fouvent dans le cas d'opter entre un genre d'induftrie qu'il
pourroit conferver, & un nouveau genre d'induftrie qu'on lui
propofe. Comme je viens d'établir
les principes qui doivent le déterminer, j'en vais faire fentir la liaifon.

2. Un genre d'induftrie quelconque peut toujours être regardé
comme une machine qui rapporte
un certain profit au propriétaire &
à l'état. La grandeur de ce profit,
prife fous ces deux rapports, eft la
valeur précife du genre d'induftrie ......

3 ...... Ainfi la valeur abfolue
d'un genre d'induftrie, quant à
l'intérieur de l'état, dans le cas de
population, s'exprime par le pro-
Liv

(a) Voy.
lettres d'é-
tat de milord
Arlington,
tome I.

duit du nombre des hommes qu'il emploie, multiplié par la quantité qu'il rapporte ou qu'il épargne....

4..... Dans le cas de dépopulation, cette valeur se connoît par le produit du nombre des hommes qu'il ménage, multiplié par la quantité qu'il rapporte ou qu'il épargne. Si Frédéric II eût connu cette théorie, il est vraisemblable qu'il n'eût pas manqué de profiter du secret des porcelaines trouvé à Berlin. Le philosophe qui a écrit les mémoires de Brandebourg témoigne bien (*a*) que, sous le sage règne de Frédéric III, l'inventeur de ce beau secret n'eût pas eu besoin d'aller chercher fortune en en Saxe.

(*a*) Mém. de Brand. tome II, ch. des arts, éd. n-4°.

XXXV. La valeur de ce même genre d'industrie, quant à l'extérieur de l'état dans le cas de dépopulation, c'est le produit du nom-

bre des hommes qu'il épargne, par
le double de la somme du profit
de l'importation ou de l'exportation....

2......... Et dans le cas de
population, c'est le produit du
nombre des hommes qu'il emploie,
par le double du profit de la somme
de l'importation ou de l'exportation.

XXXVI. La valeur relative d'un
genre d'industrie à un autre se connoît par la comparaison des rapports précédens avec ceux que donneroit cet autre genre,

XXXVII. D'où l'on déduit que
la valeur des deux genres d'industrie
quelconques, par rapport à l'état,
est dans la raison composée de la
valeur de l'un & de l'autre, quant à
l'extérieur & à l'intérieur de l'état.

Ceci fait voir que, si l'on compare les travaux à l'induftrie dans un état, ils font préférables à ce genre d'induftrie, quoiqu'il foit vrai (ce que nous avons démontré) que l artifte foit préférable au laboureur.

Avec ces vues & la connoiffance des détails dont un miniftre doit être inftruit, il me femble qu'il peut fe déterminer furement.

XXXVIII. Si l'on fait attention à ce que j'ai dit (a) de la valeur relative des hommes & de leur valeur abfolue, & que d'ailleurs on confidère feulement celle-ci, en regardant la valeur pofitive d'un homme comme celle d'une machine ou d'un genre d'induftrie qui rapporte à l'état; on verra ce que nous avons dit qui manque (b) au calcul du chevalier Petti pour être exact : car il faut faire entrer dans ce calcul la force relative de l'é-

(a) Article XI, note 6, ch. III.

(b) Idem. n. 7, ch. III.

tat, tant par rapport aux forces de l'étranger, que par rapport aux barrières dont la nature ou l'art se sont servies pour éloigner l'ennemi des frontières de cet état. Ce qui est évident; puisque, plus un état est foible, plus il a besoin de ses sujets pour se défendre contre l'usurpateur étranger; &, plus ses frontières sont étendues & le nombre de ses places considérables, plus il a besoin de soldats pour les garder. Par exemple, l'Angleterre est moins exposée que la France; parce que celle-ci n'a pour rempart que des rivières & des montagnes, que l'on peut franchir en peu de temps; au lieu qu'un espace considérable de mer entoure l'Angleterre, & la défend contre les excursions de l'ennemi du dehors. Toutes ces idées se rapporteront à celles d'importation & d'exportation que nous venons de donner;

& nous fourniront, dans la suite, la méthode de les embraffer par le calcul. Mais il faut encore confidérer auparavant le nombre relatif des hommes que la conftitution exige ; ce que l'on trouvera à fa place.

XXXIX. J'ai dit qu'un genre d'induftrie quelconque peut toujours être regardé comme une machine. Je vais rapporter deux exemples, qui confirmeront ce que je viens d'avancer, & qui font propres à faire fentir la commodité de cette méthode . . . .

2 . . . . . . Puifque l'on doit rejetter les machines dans le cas de dépopulation, on doit auffi, dans le même cas & pour la même raifon, divifer les profeffions & les arts felon les rapports de leurs produit. On eft furpris de lire, dans le *Dictionnaie du commerce*, les

titres prefque ridicules que nos anciennes ordonnances donnent aux artifans. On demande pourquoi elles veulent qu'un ouvrage, qui pourroit être fait par un feul homme, paffe par les mains de dix ou douze ouvriers de profeffions différentes ; ce qui en augmente confidérablement le prix. Voici l'efprit de ces ordonnances fi fagement confirmées par Louis XIV. Prefque toutes ont été faites fous le règne de Charles IX. On comptoit alors vingt millions d'hommes en France, & prefque fix cent couvents de moins qu'aujourd'hui de religieufes (*a*) feulement. Mais, dans ces temps malheureux, il n'y avoit point, ou du moins très-peu, de commerce extérieur ; on ne trouvoit point de canaux ; on ne rencontroit prefque nulle part des chemins publics ; tous ces défordres étoient les fruits des

(*a*) Voyð. Moyens de rendre nos religieufes utiles.

guerres civiles ou étrangères qui défoloient le royaume presque sans interruption depuis le règne de Louis XI. Il falloit donc chercher à employer le plus grand nombre d'hommes possible ; ce que l'on fit en multipliant les professions & en divisant l'industrie & les travaux, afin que tout le monde trouvât à vivre en s'occupant. Cette politique étoit admirable pour entretenir l'industrie intérieure, & faire naître le commerce extérieur ; aussi étoit-elle l'ouvrage d'un grand maître & d'un bon citoyen (1).

3. Plus les villes deviennent petites, moins on doit diviser les corps de métiers, puisqu'ils appel-

---

(a) Président Hénault.

(1) C'est sous ce règne (a) que furent faites nos plus sages loix & ordonnances les plus salutaires à l'ordre public, qui subsistent encore aujourd'hui dans la plus grande partie de leurs dispositions. On en fut redevable au chancelier de L'hôpital, dont le nom doit vivre à jamais dans la mémoire de ceux qui aimeront la justice.

CALCULE'E. *Liv. I.* 175

feroient trop les gens de la campagne, par la facilité de commercer & l'aifance apparente qu'ils
procurent. C'eft l'aifance & l'induftrie qui doit fixer dans les villes : il faut qu'une forte (1) de néceffaire attache le cultivateur à
fon champ. Auffi voit-on que,
dans les petites villes, un chirur-
gien eft quelquefois médecin,
apotiquaire, &c. ; au lieu que,
dans les grandes villes, ces arts
ont befoin d'être féparés. On ne
peut trop louer l'efprit qui a guidé
le confeil, lorfqu'il refufa d'ad-
mettre les demandes des chirur-

____

(1) On lit, dans les *Pêcheurs* de Théocrite, un morceau qui eft fi beau, & qui a tant de rapport à ceci, que
je n'ai pu m'empêcher de le rapporter ici.

Ἁ Πενία Διόφαντε μόνα τὰς τέχνας ἐγείρει·
Αὐτὰ τῶ μόχθοιο διδάσκαλος· οὐδὲ γὰρ εὕδειν
Ἀνδράσιν ἐργατίναισι κακαὶ παρέχοντι μέριμναι·
Κἂν ὀλίγον νυκτός τις ἐπιψαύσῃσι τὸν ὕπνον,
Αἰφνίδιον θορυβεῦσιν ἐφιστάμεναι μελεδῶναι.

giens, qui prétendoient encore exercer la médecine. Il faut que le légiflateur s'attache à faire partager les profits ainfi que les charges. En effet, n'eût-il pas fait beau voir un corps de chirurgiens, qui gagnent l'un portant l'autre au moins dix unités phyfiques chaque jour, en gagner encore vingt autres par l'exercice de la médecine ? de forte qu'alors ils fe fuffent trouvés à la claffe (a) 30. Or on voit que la réunion de la claffe 10 & 20 tend à diminuer le luxe relatif. Le légiflateur a donc eu grande raifon d'empêcher qu'elle ne fe fît.

XL. Si l'on admet qu'un climat foit plus favorable qu'un autre, ou que les alimens d'un certain pays foient plus propres à favorifer la génération, le nombre des hommes fera, dans ce pays, en raifon

(a) Art. III, ch. III.

fon compofée de tous les rapports dont nous avons parlé, &
de celui dont le climat eft plus
favorable qu'un autre à la génération : il eft de même des alimens.

CHAPITRE VI.

Continuation du chapitre précédent.

I. L'on voit que si, dans les différentes propofitions du chapitre précédent, on connoît le dégré de population & le dégré relatif des fortunes, on connoîtra facilement le dégré de travaux & celui d'induftrie.

II. De même, fi l'on connoît les dégrés relatifs de travaux, ceux d'induftrie, ou ceux de luxe, avec les dégrés de population, &c. on connoîtra facilement de combien une opinion eft plus favorable qu'une autre à la population.

Par ce moyen, le législateur peut soumettre les différentes opinions à son calcul, & juger celles qui sont le plus selon ses vues : on peut aussi voir par-là de combien certaines pratiques conviennent mieux à quelques constitutions qu'à d'autres, & quels avantages certains usages pourroient, à la longue, donner à une secte sur l'autre.

III. Par la même voie, on parvient à connoître le dégré dont un climat, ou les alimens, ou généralement tout ce que l'on peut faire entrer dans ces rapports, peuvent être favorables ou contraires à la multiplication. Ce calcul n'eût pas été inutile aux instituteurs de quelques ordres ; il les eût menés plus sûrement à leur but.

IV. Lorſqu'on a trouvé, par les
méthodes indiquées, le rapport
dans lequel doit être le dégré de
population, eu égard à l'inégalité
des fortunes & à l'induſtrie, le
tout conſidéré relativement aux
rapports ſemblables qui ſont dans
les états voiſins ; on verra, au juſ-
te, quand on doit envoyer des colonies en terre étrangère. On jugera auſſi, par-là, dans quelle
proportion, par rapport au tout
de l'état, on doit faire ces colonies. Après cela, il ſera facile de voir comment il faudra s'y
prendre pour les faire avec ſuc-
cès.

C'eſt une choſe ſingulière que,
dans une matière auſſi importante que celle-ci, on n'ait point
encore cherché des règles certaines pour la pratique : il ſemble
que, dans toutes les colonies
qu'on a envoyées, on n'ait pas

même pensé qu'il y eût des principes auxquels on pût se fier. Comme cette matière est importante par les fautes qu'elle a occasionnées, nous en traiterons en particulier dans le onzième livre de cet ouvrage.

V. Comme l'on a vu la manière d'estimer l'industrie par rapport à l'état en général, la même méthode doit servir pour estimer les instituts anciens & nouveaux.

2. . . . . Lorsqu'un état est trop peuplé, comme la Chine, on estime la valeur d'un institut qui oblige au célibat, par le nombre des hommes qu'il peut recevoir, multiplié par l'utilité dont ils sont par rapport à l'état.

3. Dans le cas où le législateur demande la population, la valeur

d'un inftitut fe mefure par la difficulté que l'on trouve à y entrer,
multipliée par le dégré d'utilité
qu'il rapporte à l'état. C'eft ainfi
que l'on ne peut comparer l'ordre
de S. Ignace à aucun autre de ceux
qui fe mêlent d'inftruire la jeuneffe, foit par la difficulté qu'il
emploie dans le choix des fujets, foit par le genre d'étude &
d'occupations aufquelles les Jé-
fuites fe font dévoués. Mais un
ordre qui recevroit indifférem-
ment toutes fortes de fujets, ne
peut jamais apporter autant de
profit qu'il caufera de dommage
par le genre des perfonnes qu'il
reçoit. Le payfan aimera toujours
mieux faire fon falut en enfeignant
l'A, B, C, qu'en conduifant fa
charrue.

4. Il eft un ordre dont on ne
fçauroit trop louer les inftituteurs.
Il feroit difficile qu'un homme,

dans l'état de mariage, rapportât
autant à l'état qu'un religieux,
qui, par sa profession de charité (*a*),
peut sauver dans sa vie vingt
paysans des mains de la mort
ou des charlatans. Quand chacun de ces paysans, l'un portant l'autre, ne donneroit qu'un
enfant, quand même deux n'en
donneroient qu'un, cela seroit
toujours bien au‑dessus de ce
que l'on pourroit attendre d'un
religieux marié. Cet ordre devroit
être celui de toutes les nations &
de tous les temps.

On voit, par ce calcul, quelle
idée le législateur doit avoir de
cette espèce d'hommes, moines
ou autres, qui, dévoués au
célibat, font encore une profession tacite de n'être bons à rien ;
& accomplissent les vœux qu'ils
ont faits d'être des gens inutiles, comme si de tels vœux

(*a*) J'entends les religieux de la Charité S. Jean de Dieu.

pouvoient être bien fondés.

VI. Peut-être n'eſt-il pas beſoin de dire que ces principes indiquent ceux qu'on peut employer pour calculer les profits &
les pertes qu'un état en général
ou une province particulière peuvent faire par la dépopulation des
animaux en général , ou d'une
certaine eſpèce particulière, qui
fait le commerce & la richeſſe d'un
pays.

VII. C'eſt ſur un plan à peu
près ſemblable que j'ai calculé les
probabilités de la vie des hommes ,
relativement aux différens genres
& aux dégrés de travaux (a). On
pourroit appliquer les mêmes principes à la fertilité relative des
terres ; enfin à mille uſages & à
mille choſes qu'il eſt ſi néceſſaire
au légiſlateur de voir diſtincte-

(a) Ceci
fait le ſujet
d'un autre
ouvrage.

ment, & desquelles on n'a eu jusqu'ici que des notions très-incertaines.

CHAPITRE VII.

D'un préjugé.

Nous avons vu que le but des législateurs devoit être la conservation des sujets : mais il sembleroit qu'ils se sont accordés pour nous montrer le contraire, & nous pour leur applaudir.

Qui croiroit que l'on a pu justifier la guerre, ce fléau si terrible, par la nécessité d'empêcher que la terre ne fût trop peuplée? On voit à présent l'impertinence d'un tel motif, puisque nous avons montré que les états ne se peuplent que dans la raison des moyens ou des travaux. En vérité, l'humanité se révolte lorsque l'on entend justifier les fureurs des con quérans par les raiſons ſpécieuſes du bien des hommes. On loue Céſar qui a fait (*a*) périr un million d'hommes, & qui en a rendu malheureux pluſieurs autres millions.

(*a*) *Plutarq. in Cæſare.*

LIVRE SECOND.

DU DESPOTISME.

Propofitions évidentes.

I. On traitera, dans ce livre, du defpotifme fimple, forte de conftitution monftrueufe, jufqu'à préfent reléguée en Afie ; & qui s'appuie fur les principes que Machiavel a voulu établir en Europe, & que l'on a combattus tant de fois par tant de folides écrits.

Lorfque les chofes font telles qu'un homme ne peut abfolument réfifter à un pouvoir quelconque, ce pouvoir peut être regardé comme infini par rapport à cet homme ; puiſqu'il lui eſt impoſſible de réſiſter (par la ſuppoſition) comme ſi ce pouvoir étoit infini. Ainſi, lorſqu'un homme eſt attaqué par un million d'autres, les forces de ce million d'hommes réunis peuvent être regardées comme infinies par rapport à la force d'un ſeul.

II. Lorſqu'on compare le fini avec l'infini, le fini s'évanouit & devient égal à o : ainſi, lorſque l'on comparera les forces d'un million d'hommes contre les forces d'un ſeul, on pourra regardet les forces de cet homme comme nulles. Tel eſt l'état de celui qui a contre lui la ſociété dont il eſt membre, & qu'il a attaquée.

Nous ne parlerons, dans ce livre , que du *deſpotiſme ſimple :* nous trouverons, dans la ſuite, le *deſpotiſme d'œconomie ;* celui qui

est mêlé avec la constitution monarchique ; enfin celui qui se ca-
che quelquefois sous la forme de
la république, où l'on le mécon-
noît. On pourroit dire du despotisme simple ce que M. de Voltaire
a dit de l'athéisme : c'est un métal
qui s'allie avec tous les autres.

CHAPITRE PREMIER.

Du principe de la conſtitution deſpotique, & des loix qui s'en déduiſent.

I. Sɪ, dans l'hypothèſe (*a*), on admet que le luxe eſt parvenu au point de ſon cercle, où toute la puiſſance paſſe entre les mains d'un ſeul, de ſorte que tous les autres n'ont plus le néceſſaire phy- ſique, qu'autant qu'il plaît à ce riche de le leur donner ; (*a*) Livre I, ch. III.

2......... On voit que toutes choſes dépendent de ce riche, qui peut preſcrire telles conditions qu'il veut (c'eſt le deſpote) , dont la puiſſance eſt infiniment grande par rapport à celle de tous en par- ticulier (puiſqu'il peut employer tous contre un). D'où il s'enfuit qu'à caufe de l'infini, la puiffance de chacun des fujets, comparée à celle du defpote, eft égale à o; de forte que le defpote peut tout contre fon efclave, tandis que l'ef-clave ne peut rien contre le defpote.

3. Il eft donc effentiel à la puif-fance defpotique que l'impuiffan-ce du fujet foit égale à la puiffance du prince. Mais fi, comme il eft arrivé fouvent, le fujet vient à af-faffiner le prince, dans ce moment où le prince eft le plus foible, il ceffe d'être defpote ; car, en cette qualité, il a effentiellement toute la force poffible pour fe défendre & même pour attaquer fon fujet : il garde le titre, fans avoir la puif-fance qui lui donne ce titre. Un roi peut être regardé comme tel, mê-me après qu'il eft détrôné, parce qu'il eft de fon effence qu'il ait

poffédé

poffédé une couronne, & non qu'il la poſsède actuellement. Mais il n'en eſt pas de même du deſpote, qui, par ſon eſſence, doit être le plus puiſſant.

II. Si l'on conſidère que ce qui rend la puiſſance du deſpote infinie par rapport à celle de ſon ſujet, c'eſt la réunion de toutes les forces qu'il peut employer contre un ſeul ; on verra que, ſi cette réunion des forces ſe tourne contre lui, il ſera infiniment foible ; c'eſt-à dire que, ſi le peuple ſe réunit contre le deſpote, ſa puiſſance ſera infiniment ſupérieure à celle du deſpote. C'eſt alors que cette force opprimante peut être regardée comme nulle (*a*), par rapport à celle du peuple en corps.

(*a*) Livre II, page 191.

Tant que Néron ſçut s'aſſurer de la force du plus grand nombre, perſonne ne put lui réſiſter : mais, lorſque le plus grand nombre ſe tourna contre lui, il ne put réſiſter à ſon tour ; & il ſe trouva auſſi foible au moment de la révolte, que chaque particulier l'étoit auparavant vis-à-vis de lui.

III. Dans le premier des rapports (*a*) que l'on vient de voir, la puiſſance du deſpote eſt, à celle de chaque particulier, comme un eſt à o ; &, dans le ſecond, la puiſſance du deſpote eſt, à celle des particuliers, comme o eſt à l'unité : c'eſt-à-dire que la force du deſpote doit être, à celle du particulier, réciproquement comme la ſomme des forces de tous les particuliers eſt à celle du deſpote : voilà l'un des points floriſſans de la conſtitution & le moment d'équilibre pour le deſpotiſme. Tel fut l'état des choſes ſous le règne de Mahomet premier, qui,

(a) Art. 1 & 11.

regardé comme l'envoyé de Dieu,
pouvoit, en un moment, faire périr quiconque s'oppofoit à fa puiffance.

2. Puifque tout fera bien dans
le defpotifme, fi le prince a la
force en main, & que d'ailleurs
cette force eft effentiellement entre les mains du defpote, on voit
que la force eft le principe du
defpotifme ; car c'eft elle qui le
produit, comme c'eft elle qui le
maintient.

3. Dans les états modérés, pour
que tout foit balancé comme il
doit l'être, il faut que la force
d'exécution de la loi foit, à la
force d'un particulier quelconque,
réciproquement comme la force
du magiftrat qui fait exécuter la
loi eft à la force du peuple. Ainfi,
dans une telle conftitution, la loi
doit effentiellement avoir toute la
force qu'auroit le defpote, fi cet

état étoit despotique. Voilà ce qui a fait dire à tous les auteurs qui ont écrit sur le droit, que (a) la loi est un commandement différent de la convention, qui, n'étant qu'une promesse, n'a pas la force de se faire exécuter; & Grotius dit (b) que la loi est une règle des actions morales, qui oblige à ce qui est droit.

4. L'on voit que, dans un état modéré (c), c'est la loi qui contraint; &, dans l'état despotique (d), c'est la force du despote. D'où l'on déduit que, dans un état modéré, l'autorité est appuyée par le droit secondé de la force : mais, dans un état despotique, l'autorité n'est fondée que sur la force. C'est ainsi que l'autorité (1) d'Abimélech, acquise

(a) Hobbes, de cive, cap. XIV, pag. 2. Puffendorf, de Iur. I, ch. VII, &c.

(b) Liv. I, ch. I, p. 9; n. 1.

(c) N. 3.

(d) N. 2, art. III.

(e) Judic. cap. IX, v. 4.

(f) N. 21.

(1) *Dederuntque (e) illi septuaginta pondo argenti de fano Baalberith; qui conduxit sibi ex eo : viros inopes & vagos secutique sunt eum.*

Regnavit (f) itaque Abimelech super Israël tribus annis. Et ait Samuel ad omnem populum : Certe videtis

par la force que lui prêtèrent ceux de Sichem, & par le meurtre de (a) soixante-dix de ses frères, n'étoit pas fondée sur le droit : mais l'autorité de Saül, choisi par Dieu & reconnu par le peuple, étoit fondée sur le droit que la force appuyoit. Aussi le gouvernement d'Abimélech fut-il despotique, & celui de Saül fut monarchique.

5. Puisque, dans l'état de nature, les rapports qui se tirent de (b) l'essence des hommes (qui est la même pour tous) sont des rapports d'égalité ; il suit que, dans l'état de nature, tous les devoirs sont réciproques, & les droits égaux.

C'est cette égalité de droit que l'on appelle le droit de nature ; & les devoirs réciproques qui en résultent, forment ce que l'on appelle les loix naturelles.

(a) Judic. c. XI, v. I.

(b) Liv. I, ch. I.

---

quem elegit Deus, quoniam non sit similis illi in omni populo. Et clamavit omnis populus ; & ait, vivat rex.

Si l'on confidère alternativement l'homme comme être créé,
puis comme feul dans le monde,
& enfuite le monde comme peuplé ; des rapports qui fe tireront
de ceux que l'on vient d'indiquer,
fuivront toutes les loix naturelles.

L'homme, confidéré comme
feul de fon efpèce dans l'univers,
a des rapports avec l'être qui l'a
créé ; il en a auffi avec lui-même.
Des loix qu'indiquent ces rapports, celles qui font relatives à
l'être créateur, font les premières
dans l'ordre naturel : &, quoiqu'il
soit vraifemblable (a) que l'homme fongeroit à la confervation de
fon être, avant de chercher l'origine de fon être, il n'eft pas moins
vrai que la loi qui porteroit l'homme vers fon créateur feroit la
première dans l'ordre des loïx ;
car, même avant d'être créés, les

(a) Efprit
des loix, liv.
I, ch. II.

hommes avoient des rapports avec Dieu, entant qu'ils étoient des êtres poſſibles.

Comme être créé, l'homme doit de la reconnoiſſance à ſon créateur; comme être exiſtant, il ſe doit à ſa conſervation; comme être vivant avec d'autres êtres ſemblables, il leur doit de la bienveillance. Ainſi la reconnoiſſance eſt la première des loix naturelles, le reſpect pour ſoi-même eſt la ſeconde, & la bienveillance envers les hommes eſt la troiſième; ces loix ſont la ſource de toutes les vertus que les hommes peuvent avoir.

Les loix qui dérivent des rapports que les hommes ont avec eux-mêmes, ſont les ſecondes des loix naturelles. Enfin les loix naturelles du troiſième genre ſe déduiſent des rapports qui réſultent des loix naturelles du premier & du ſecond genre, & marquent ce que nous devons aux différens êtres qui font avec nous fur la terre.

Puifque, dans tous ces états, les droits que les hommes ont les uns fur les autres font réciproques, il eft évident que l'état de la nature ne souffre point l'efclavage ; il faut en chercher les principes ailleurs que dans l'état de nature.

Le defpotifme étant le droit que donne la force de faire efclave une société, il eft évident que ce droit eft contre celui de nature.

6. Dans l'état de société, les rapports qui font entre un particulier & la société dont il eft membre, étant toujours comme la force d'exécution de la loi eft à la force d'un particulier, & celle-ci (a) étant zéro par rapport à celle de la loi ; il fuit qu'il faut qu'il

(a) Art. III.

obéiſſe à la loi, ou à l'autorité qui en eſt l'expreſſion : & cela parce que la première des loix naturelles du ſecond genre ordonne à l'homme de ſe conſerver. Mais ſa puiſſance étant nulle vis-à-vis celle de la loi, il ne pourroit ſe conſerver, s'il ne lui obéiſſoit : donc il manqueroit à la loi naturelle, en même temps qu'il déſobéiroit à celle que la ſociété lui a preſcrite.

Ceci fait ſentir la liaiſon & l'accord qui doit toujours être entre la loi poſitive & la loi naturelle. Lorſque la loi poſitive détruit la loi naturelle, elle ceſſe d'obliger les hommes. Ainſi aucune loi ne peut contraindre un ſujet à ſe donner la mort à lui-même, puiſqu'il y en a une primitive & antérieure qui lui ordonne de ſe conſerver la vie (1).

----

(1) C'eſt dans ce ſens que Cicéron a dit (a) : *Quæ ſi tanta eſt poteſtas (principum ,) ſtultorum ſententiis atque* (a) *De leg. lib. I , ca p.* 16.

Ainsi les loix positives ne doivent jamais être contradictoires aux loix naturelles du premier & du second genre. Celles du premier ordonnent à l'homme d'adorer Dieu ; celles du second lui ordonnent de se conserver : il n'y a aucune loi qui puisse défendre l'une ou l'autre de ces deux choses. Mais elles peuvent empêcher une certaine façon de travailler à sa conservation. Quant aux loix naturelles du troisième genre, les loix civiles peuvent y être contraires, & ne laissent pas pour cela d'être légitimes : telles sont celles qui ordonnent la mort des ennemis de la société.

Aucune loi naturelle du premier genre ne peut être contraire

---

jussis , ut eorum suffragiis rerum natura vertatur , cur non sanciunt ut quæ mala perniciosaque sunt, habeantur pro bonis ac salutaribus ? aut cur , quum jus ex injuriâ lex facere possit , bonum eadem non facere possit ex malô ?

à celle du second genre : & , fi quelque loi ordonnoit à l'homme de fe facrifier lui-même , elle ne pourroit être émanée de Dieu ; parce que c'eſt lui qui a donné la loi naturelle , & qu'il fe contrediroit , en ordonnant à la fois à l'homme de fe conferver & de fe détruire.

7. Si la conſtitution d'un état eſt modérée , comme l'autorité eſt fondée (*a*) fur le droit qui n'eſt autre chofe que ce qu'accorde la loi , & que d'ailleurs la force n'eſt donnée qu'à ce droit , c'eſt-à-dire à la loi ; il s'enfuit que , dans les gouvernemens modérés , le citoyen ne peut être contraint qu'à ce qu'exige la loi : ce qui conſtitue la liberté politique.

8. Mais , dans l'état de fociété dépendante du defpote , comme l'autorité n'eſt fondée (*b*) que fur la force , le citoyen peut être con-

(*a*) N. 4.

(*b*) Ibid.

traint à tout, & ne peut, par conséquent, avoir de volonté propre : ce qui constitue l'esclavage politique. Ceci paroîtra évident par ce qui va suivre.

9. Ainsi la mesure de la liberté politique sera toujours proportionnelle au dégré de volonté propre que le sujet peut avoir. La loi est regardée comme la volonté propre de tous les citoyens, en ce qu'ils l'ont adoptée comme une résolution qu'ils ont prise, & qu'ils veulent qu'elle soit durable.

10. Comme, dans l'état de liberté naturelle de l'homme considéré comme seul, c'est-à-dire, dans l'état où l'homme ne reconnoît de loix naturelles que celles du premier & du second genre, il a le dégré de volonté propre le plus grand qu'il soit possible ; il s'ensuit que le plus grand dégré de liberté politique qu'on puisse imaginer

feroit celui qui approcheroit le plus de l'état de liberté naturelle d'un feul homme.

IV. Lorfqu'un homme compare fa force avec celle d'un autre, s'il eftime que la fienne foit plus grande, c'eft-à-dire (a) s'il ne fent pas fa foibleffe, il a du courage. S'il tient (1) que fa force foit égale, il

(a) Liv. I.

---

(1) On remarquera que cette mefure de courage & de découragement eft toujours proportionnelle à la différence que l'on croit entre fes forces & celles de celui à qui l'on fe compare : de forte que le même homme, à diftances égales de ce qu'il imagine le point d'égalité des forces, auroit un dégré égal de courage ou un dégré égal de crainte : & les dégrés de courage & de crainte feroient toujours à peu près réciproques aux dégrés relatifs de force, fi des motifs étrangers ne s'en mêloient, comme, par exemple, l'honneur, la religion, l'amour, l'amitié, le regret de quitter de grands biens, &c. Ces motifs étrangers font, par rapport à l'action de l'ame qui en réfulte, ce que font les mouvemens imprimés en différens fens à un corps, par rapport à la direction qu'ils lui font prendre. L'on verra, dans la fuite, l'ufage fingulier qu'on peut faire de cette propofition pour l'analyfe des fentimens que l'homme éprouve dans les différentes pofitions où l'on peut le mettre. Pour le

a ce que l'on appelle du cœur; car
le sentiment de foiblesse est con-
trebalancé par le sentiment de force
égale. Mais, s'il appréhende que
sa force ne soit moindre, c'est-à-
dire, s'il sent quelques dégrés de sa
foiblesse, il est découragé. Enfin,
s'il imagine que sa force est infiniment moindre, sa crainte est extrême.

2. Lorsqu'un homme a du cou-
rage, il est tenté d'attaquer, s'il n'a
de la modération : & il faut, pour

présent, on peut déjà voir que, si l'on pose un homme
dans un poste périlleux, il y tiendra tant que le dégré
de cœur qui lui reste, plus le dégré d'honneur ou d'autres
motifs quelconques, sera au dégré de péril qu'il imagine, réciproquement comme la différence qu'il se figure
entre sa force & celle qui le met en péril est à la force
qui le fait craindre : puisque l'on vient de voir que le
courage vient de l'estimation que l'on fait de ses forces.
Cela fait connoître comment des gens très-foibles osent
se mesurer avec des gens très-forts : ce qui peut être une
suite du mauvais calcul que leur amour-propre fait de
leurs forces, surtout lorsque la colère s'y joignant,
vient encore les aveugler, & contribue à leur ôter la
liberté de connoître ce qu'ils peuvent.

qu'il n'attaque pas, qu'il ait autant de dégrés de modération qu'il fent de dégrés de forces de plus que celui qu'il croit plus foible que lui. Lorfqu'il n'a que du cœur, il refte dans l'état où il auroit un dégré de modération égale à un dégré de courage. Lorfqu'il eft découragé, il cède; car il fent qu'il réfifteroit inutilement. Enfin, lorfqu'il craint, il fléchit. Toutes ces propofitions feront employées dans la fuite.

V. C'eft ainfi que, dans l'état defpotique, où le particulier, comparant fa puiffance à celle du defpote, voit (*a*) qu'elle eft infiniment moindre (*b*), il faut qu'il vienne néceffairement à craindre le defpote.

2. . . . . D'autre part, fi le defpote vient comparer la puiffance qu'il a par fes facultés perfonnelles, à celle du peuple en corps,

(*a*) Art. I.
(*b*) Art. précédent.

(*a*) Art. II.

il verra (*a*) que ſa puiſſance eſt infiniment petite par rapport à celle du peuple : il viendra donc (*b*) à craindre le peuple.

(*b*) Art. précédent.

3. La crainte ſe communique donc aux ſujets & aux princes par la nature de leur conſtitution. Mais, comme la crainte exceſſive exclut tout autre ſentiment, & que cette crainte réciproquement égale (étant produite par la force qui eſt le principe de la conſtitution) maintient le deſpotiſme, qui, comme nous l'avons dit, n'eſt autre choſe que la puiſſance du deſpote; il s'enſuit que la crainte eſt le moyen de cette conſtitution, dans le rapport qu'elle a avec le peuple & avec le deſpote. Voilà le moyen: voici ſes effets.

4. La crainte empêche le peuple d'attenter à la puiſſance du deſpote; & celui-ci d'attenter à la ſureté du peuple.

VI.

VI. Comme le peuple ne peut pas si facilement se réunir en corps que le despote (qui est un par sa nature), il s'enfuit que chaque particulier a plus à craindre du despote que celui-ci n'a à craindre du peuple. Ainsi il faut (*a*) que les particuliers fléchissent : & comme nous avons dit que la crainte doit être extrême (*b*), comme la puissance qui la produit est infinie, il s'enfuit que . . . .

   2. . . . . L'obéissance, dans un tel état, doit être extrême : car, si elle n'étoit pas telle, la crainte, qui est le moyen de la constitution, manqueroit. Mais, comme cette crainte est l'effet du principe, l'effet manquant, il faudroit que la cause cessât d'agir ; c'est-à-dire, que la puissance du despote ne seroit plus telle qu'elle doit être essentiellement, & par conséquent l'état ne seroit plus proprement

(*a*) Art. IV, n. 2.

(*b*) Art. II.

TOME I.   O

despotique. De ce que l'on vient de dire, se dérive tout le droit politique des peuples écrasés sous le joug du despotisme : car l'obéissance à toutes les volontés du prince devant être extrême, il s'ensuit qu'il ne peut y avoir d'autres loix que ses volontés & ses caprices ; car, s'il y avoit des loix, sa volonté présente les anéantiroit toujours.

3. Nous avons vu que le droit d'esclavage tiroit son origine des conditions qu'un homme pouvoit imposer à un autre, en partageant son bien avec lui, pour lui sauver la vie : ce qui suppose la société civile, qui a partagé les biens (a), & en a rendu une certaine portion tellement propre à chacun, qu'aucun autre n'y peut prétendre ; car, dans l'état de nature, les droits étant réciproques, aucun ne peut imposer des conditions à un autre,

(a) Hobbes de cive.

pour lui laisser la possession d'un bien qui est commun entr'eux.

4. Quant à l'esclavage politique, comme il tire son origine de la force du prince & de la foiblesse des sujets, & que d'ailleurs il n'est pas fondé sur le droit ; il suit qu'il n'y a point de convention entre le despote & ses esclaves. Il n'y a donc point de société : &, loin de supposer l'état civil, il en suppose au contraire la dissolution. La société ne se trouve plus que dans le despote qui en réunit toute la puissance en sa personne ; & la société que sa puissance lui à soumise est dans l'esclavage civil.

C'est de ces principes que l'on déduit le droit civil des états despotiques & le droit du peuple.

5. Dans cette constitution, l'esclavage de la société emporte presque toujours celui des particuliers (voilà ce qui caractérise le despo-

tifme pur) : les fujets n'ont entre eux de rapports que relativement à ceux qu'ils ont avec le maître. Comme tout lui appartient, c'eft toujours le bleffer dans fon bien, que d'attaquer fes fujets : ainfi le droit civil eft toujours mêlé avec le droit politique, & l'un n'eft rien qu'en conféquence de l'autre ; ce qui eft propre à cette conftitution (*a*) & à la république. Auffi M. de Montefquieu a-t-il remarqué que, dans le Japon, l'opiniâtreté des néophites étoit regardée comme un attentat contre l'autorité du prince. Sous Tibère, le droit civil fe trouva prefque toujours mêlé avec le droit politique, par l'extenfion que l'on donna aux crimes de lèfe-majefté.

6. Puifque l'efclavage du peuple ne tire fon origine que de la foibleffe où il fe trouve, & de la puiffance du defpote ; il s'enfuit

(*a*) Plutarq. banq. des fept fages.

que, lorsque le despote devient foible & le peuple fort, c'est le despote qui devient esclave, & le
peuple est libre. Les tyrans de la
Gréce étoient des despotes. Tant
qu'ils eurent le secret de conserver
la force, ils continrent le peuple ;
mais, lorsque celui-ci se trouva la
force en main, la plupart de ses tyrans moururent assassinés.

7. Ceci nous fait sentir comment
s'étoit introduit, chez les Grecs &
les Romains, ce droit des gens qui
leur étoit propre. On regardoit
comme vertueux un homme qui
immoloit un tyran à sa patrie : c'est
que cet homme ne devoit rien au
tyran, auquel sa foiblesse seule le
contraignoit d'obéir. Mais, lorsqu'il avoit la force en main contre
le prince, celui-ci n'ayant aucun
droit qui le soutînt, & étant regardé comme aggresseur, on étoit
maître de s'en défaire ; & la répu-

blique, qui se trouvoit alors la plus forte, armoit les mains d'un de ses citoyens (1) contre un homme qui s'étoit armé contr'elle.

VII. Il faut que, dans le despotisme, le despote ait moins à craindre que le peuple. Car, par la nature des choses, chaque particulier est porté à souhaiter la destruction d'une puissance qu'il craint extrêmement. Donc, si la puissance du particulier étoit quelque chose, il tendroit toujours à détruire le despote, qui est le nœud de la constitution & le protecteur de la sorte de société qui reste : il tendroit donc à offenser cette société, qui, toute défectueuse qu'elle est, a droit d être maintenue : il faut

____

(1) Sénèque dit, en parlant d'un tyran : *Quidquid erat, quo mihi cohæreret, intercisa juris humani societas abscidit. De benefic. lib. VII, cap. XIX.* Je crois aussi avoir vu quelque chose de semblable dans les Offices de Cicéron.

donc que la force du particulier ne soit rien.

Cet article comprend un autre cas que le précédent, & convient à des états qui, par leur nature, demandent la constitution despotique. Nous verrons, dans la suite, qu'il y a des états qui, en effet, ont besoin d'un tel gouverne-

2. D'autre part, le despote n'ayant ment.

rien à craindre que des corps, il n'est pas tenté de détruire les particuliers, qu'il conserve au contraire pour lui-même ; il est donc naturel qu'il ait la puissance.

3. Que l'on fasse attention que la crainte du peuple est extrême, parce que le despote est toujours armé de la puissance : mais la crainte du despote n'est pas toujours extrême', parce que le peuple, qui pourroit la causer, n'est pas toujours réuni. Les choses doivent en effet être ain-

fi difpofées : car, fi la crainte étoit extrême de part & d'autre, qui oferoit commander ? L'état de crainte du peuple le met dans une fituation qui le rend toujours prêt à recevoir le moindre mouvement que fon chef voudra lui donner, & à fe prêter à l'extrême obéiffance que l'on attend de lui. La crainte préfente arrête & contient le peuple : c'eſt la crainte de l'avenir qui règle la conduite du defpote. Ce dégré de crainte qu'il conferve, joint à l'intérêt qu'il a de conferver fa puiffance, fait un poids qui contrebalance la crainte exceffive des particuliers, & qui fait qu'on redoute moins le defpote, quoiqu'on le craigne toujours.

VIII. Comme le peuple n'eſt point dirigé par les loix, il faut qu'il le foit par une crainte qui fe renouvelle à chaque inſtant, &

qui foit perpétuelle comme les loix le feroient. Les loix feroient craindre des punitions: dans cet état, où prefque tous (*a*) les crimes atta-quent le prince, on craint la vengeance. Dans un état modéré, le peuple doit toujours craindre les loix : dans un état defpotique , il doit toujours craindre le prince , qui eft la loi, fans quoi aucun obftacle ne l'arrêtera. Ainfi le defpote doit entretenir cette crainte , comme les veftales entretenoient le feu facré. C'eft de lui qu'on peut dire qu'il faut qu'il gouverne avec une maffue au lieu de fceptre. Mais, pour qu'il ne fe ferve pas à tout moment, & felon fon caprice, de fon pouvoir, il faut qu'il fe fouvienne toujours qu'une épée eft pendue (*b*) fur fa tête. Cette crainte refpective fera également falutaire au peuple & au defpote.

2. L'on voit que l'état récipro-

(*a*) Comme au Japon.

(*b*) Horat. l. III, ode I.

que de crainte du despote & du
peuple maintient l'équilibre, comme l'état de force dont nous avons
parlé. De-là il suit que le moment
où la crainte est également parta-
gée entre le prince & ses sujets, est
un des points florissans de la constitution.

3. Mais, comme la crainte est
le moyen, & que nous avons vu
que la force est le principe ; il s'ensuit que, lorsque les moyens ou les
principes de la constitution sont
dans leur force , l'état est florissant.

4. L'état despotique pourroit
être florissant par le principe , &
cependant les sujets pourroient être
fort malheureux ; ce qui arriveroit
si la puissance du prince étoit
soutenue par une armée étrangère. Car alors le prince pourroit opprimer , & l'état seroit malheureux. C'est ainsi que la tyranie

de Nabis étoit floriffante , parce qu'avec la puiffance il tenoit le peuple en bride. Cependant ce peuple étoit malheureux , parce qu'il fe fervoit des étrangers qu'il avoit à fon commandement , pour opprimer fes fujets.

5. Mais, lorfque les moyens de la conftitution font dans leur force , l'état eft heureux ; parce que le prince craint d'opprimer, de peur de l'être lui-même. Tel fut l'empire Romain fous Augufte ; fa puiffance le faifant craindre du peuple , tandis que l'exemple de Céfar (a) fon père adoptif, affaffiné dans le fénat, l'empêchoit d'abufer de fon pouvoir.

6. Si l'on fuppofe que le prince aime autant fes fujets en général, qu'il eft aimé de chacun d'eux en particulier, on aura encore un des points où la conftitution fera dans fa force. Telle étoit Syracufe fous

(a) *Sueton. in Aug.*

Hiéron. C'est ainsi que Tite Live rapporte que les villes qui étoient fous la domination d'Eumène, n'auroient pas changé leur (*a*) dé-pendance pour la liberté des répu-bliques. Ce dernier cas est commun à toutes les constitutions ; &, lorf-que l'amour du gouvernement est auffi grand qu'il peut l'être, la conf-titution, quelle qu'elle foit, est floriffante.

7. Mais le point floriffant le plus naturel par rapport au defpo-tifme, c'est celui où la crainte est réciproque : car alors le principe & le moyen de la conftitution font en vigueur ; &, lorfque le moyen agit également fur le peuple, tout est en équilibre : c'eft *l'état de re-pos*. C'eft bien dommage que l'a-mour réciproque du defpote & de fes fujets foit prefque une chofe fpéculative : car il procureroit l'é-tat de tranquillité ; & le gouverne-

(*a*) Tit. Liv. l. XLII, cap. V, n. 2, 3.

ment seroit précisément celui d'une famille où le père aimeroit ses enfans, & où les enfans aimeroient leur père : ce seroit la plus simple de toutes les constitutions possibles.

IX. De ce que nous venons de dire, on déduit les raisons qui rendent alternativement un état despotique, conquérant & pacifique. Lorsque l'état est florissant par le principe, & que le prince ayant la puissance ne craint pas le peuple, il ordonne tout ce qu'il veut ; & l'état est conquérant, parce que l'esprit de cet état est celui des conquêtes. C'est ainsi que sous les Mahomet, les Ottomans & les Solimans, qui osèrent entretenir de grosses armées, & qui continrent le peuple par cette puissance, les Turcs furent conquérans.

X. Mais, lorsque l'état est florisfant par le moyen, c'eft-à-dire, lorfque la crainte eft réciproque entre le peuple & le defpote, il n'ofe entretenir des armées qui lui feroient fufpectes; & l'état eft pacifique, & dans le repos. On voit qu'Augufte, qui avoit tâché de maintenir la conftitution floriffante par les moyens, ne voulut point s'aggrandir; &, par fon teftament, il recommandoit à fon fucceffeur de ne point tenter de reculer les limites de l'empire : ce que Tibère pratiqua. Au contraire, les princes guerriers, qui rendirent la conftitution floriffante par la puiffance, entreprirent des conquêtes : tels furent Céfar, Vefpafien, &c.

XI. De ce que nous avons vu que le defpote n'a rien à craindre que des corps, il fuit qu'il n'en doit point fouffrir : ainfi les grandes

armées lui feront redoutables.
Mais, comme nous avons dit que,
dans un tel état, tous les fujets font
égaux à o, il ne peut donc y avoir
de corps diftingué, comme ce que
nous appellons la noblefse. Cependant, comme le prince ne pourroit
tout faire par lui-même, il faut des
officiers qui le repréfentent. Mais,
comme ces officiers ne peuvent
être guidés par les loix, puifqu'il
n'y en a point, il faut qu'ils aient,
chacun dans les chofes de leur ref-
fort, une puifsance égale à celle du
defpote; & celui qui eft immédiatement fous lui, doit avoir une puiffance égale à celle du prince mê-
même : c'eft le *vifir*. On verra bientôt une autre raifon qui exige qu'il
y ait un tel homme dans l'état.
Des confidérations précédentes on
forme cette maxime fondamentale
pour les conftitutions dont nous
parlons : dans toute conftitution

purement despotique, on peut souffrir des places ; mais il n'y faut
point de rangs.

Comme les places dépendent
de la volonté du prince, & que
cette volonté est toujours censée
celle du plus fort (car le despote
n'est actuellement le premier de
l'état, que parce qu'il est le premier de tous) , il s'ensuit qu'il faut
que, d'un seul mot, le prince puisse
élever ou déposer qui bon lui semble.

XII. De ce que nous venons
de voir, qu'il ne faut point de
corps, quoiqu'il faille des officiers
pour administrer les affaires, puisque d'ailleurs ces officiers doivent
avoir une autorité extrême ; on
voit la forme que l'on garde en ad-
ministrant la justice. Dans les états
despotiques, un seul se trouve juge, & l'on ne peut appeller de son
jugement ,

jugement, puisqu'il décide sou-
verainement. M. de Montesquieu
a dit, quelque part, que les procès
supposent de la colère, &c. passions
qui seroient à craindre dans l'état
despotique. Je ne sçais si c'est en
effet la raison qui rend si expéditi-
ve la justice de ces sortes de constitutions : mais il me semble que
ce qui doit accélérer le train ordinaire des choses, c'est que le
plaideur ne peut appeller d'un juge à un autre, pour peu considérable qu'il soit ; car ce seroit appeller
du despote au despote.

Tout ceci se fera encore mieux
sentir, si l'on fait attention que,
dans les états despotiques, il ne
peut y avoir de ces colléges desti-
nés à rendre une justice éclairée
aux sujets qui la leur demandent :
car ces colléges feroient des corps.
Ainsi nos parlemens ne sont pas
faits pour les pays de servitude,

eux qui nous font si chers, parce qu'ils font principalement deftinés à conferver nos droits, & à nous faire remplir les obligations que nous avons contractées avec l'état.

XII. Cependant la nature des chofes exigeant qu'il y ait une armée pour mettre le prince à couvert, & puifqu'il eft d'ailleurs néceffaire que le prince foit à l'abri des infultes de cette armée, il feroit peut-être bon qu'il fît fon féjour dans une (1) fortereffe : mais le plus sûr, comme dit M. de Montefquieu, c'eft que la religion rende fa tête facrée & fa perfonne inviolable. On voit par là combien la

____

(1) Je ne parle ici qu'en politique, & pour un état qui eft une forte d'injuftice pour l'humanité. Je compte que l'on me rendra la juftice de ne pas me croire ici l'apôtre de l'intolérance. A Dieu ne plaife que ma main écrive des maximes contre lefquelles l'humanité & mon cœur fe fouleveroient.

religion, & une certaine religion, doit être chère au despote, puisqu'elle fait sa sureté. C'est donc une mauvaise politique (1) que la tolérance qu'on remarque chez les Asiatiques, où la religion est principalement du ressort de la politique.

---

(1) Cela réussit à Amin-Mohammed. *Hist. des Calif.* *pag.* 36.

CHAPITRE II.

Quel doit être le but du despote.

Arrestons-nous un moment à considérer le despotisme, comme on se tourne pour regarder de loin, avec une sorte de plaisir, ces roches pendantes sur des précipices, & ces torrens de feu qui descendent du Vésuve ou du mont Gibel.

(a) Verf. d'Amiot, Dits not.

I. On lit, dans Plutarque (a), que » l'un des tyrans de Syracuse, » en punissant âprement les malfaiteurs, pardonnoit pourtant aux » voleurs qui ôtoient les manteaux » à ceux qu'ils rencontroient de » nuit par les rues; afin que les Syracusains, pour cette occasion, » désistassent de faire festins ou as-

semblées les uns avec les autres. «
Denys sentoit bien quel doit être
le but du despotisme ; car, puisque
nous avons dit que les corps &
les assemblées du peuple étoient
toujours redoutables au despote,
il doit donc toujours tendre à diviser ses sujets, de sorte qu'ils ne
puissent s'assembler facilement.

II. Puisque le but du despote
est (*a*) de diviser ses sujets, & que
la maxime fondamentale est (*b*) de
ne point souffrir de rangs ; on voit
que, plus une constitution quelconque, qui n'est pas démocratique,
distingue les rangs des citoyens,
plus elle s'éloigne du but du despotisme. En effet, les états de
l'Europe où l'on a conservé le plus
soigneusement le lustre de la noblesse & des corps, sont ceux qui
s'éloignent le plus du despotisme
simple : telle est la république d'Allemagne.

(*a*) Art. pré-
cédent.
(*b*) Ch. I,
art II.

P iij

(a) Liv. III.　(a) Nous verrons pourquoi, dans les républiques où l'égalité confond les rangs de tous les citoyens, on est cependant fort éloigné du despotisme.

III. Lorsque le but de la constitution despotique agit jusqu'à un certain point, il s'éloigne de son objet, qui est la conservation de la puissance du prince : car, si le peuple est excessivement divisé, la puissance du despote ne peut plus le faire agir à son gré, & ce peuple se trouve libre & sauvage. Tels étoient les (b) Aborigènes en Italie, & les (c) Gétules en Afrique. Je dis que la puissance du despote ne suffiroit pas pour les faire agir, parce que, par un effet de leur extrême division, ils deviendroient sauvages (d) ; car il n'y auroit d'ailleurs aucun dégré de luxe parmi eux : ainsi de tels peuples auroient

(b) Salust. bal. Cat.
(c) Idem, de bello Jug.

(d) Liv. I.

beſoin de peu de choſe : & , ſi le deſpote les chagrinoit, ils fui-roient dans les bois, & s'en iroient dans d'autres pays. L'hiſtoire four-nit bien des exemples de ces mi-grations de peuples qui fuient la dureté que le gouvernement a pour eux.

IV. Cette conſtitution ne ſouf-frant point de loix, le deſpote doit aller à ſon but par les mœurs, plu-tôt que par la force. C'eſt ce qu'ont en effet bien ſçu pratiquer les prin-ces de l'Aſie : ceci rend raiſon du peu de ſociété qu'on remarque chez les Orientaux : » (a) Ils ne ſe « voient que lorſqu'ils y ſont forcés « par la cérémonie . . . . . . chaque « famille eſt, pour ainſi dire, iſolée « des autres, &c. «

On remarquera ici que le but d'une conſtitution quelconque détermine toujours l'eſpèce des

(a) Lettres perſanes.

mœurs que doivent avoir les citoyens, & par conséquent le genre
d'éducation qu'il faut leur donner.
C'est toujours le moyen de la constitution qui borne, pour ainsi
dire, les mœurs, & qui fait prendre les manières que le but lui
prescrit.

CHAPITRE III.

Du moyen, dans son rapport avec le principe ; & de ses effets, &c.

Nous venons de voir que le despote doit aller à son but par les mœurs plutôt que par la force. C'est qu'il est souvent dangereux de développer le principe dans toute son étendue, surtout lorsqu'il est odieux, comme celui du despotisme : car la crainte qui produit le principe, étant plus ou moins grande selon qu'elle est tempérée par une espérance plus ou moins fondée, sitôt que l'espérance manque à la crainte, elle devient excessive. C'est alors (*a*) que l'homme ne voit que sa foiblesse, &

(*a*) Liv. I.

paſſe au déſeſpoir. Il faut donc que le deſpote ſe garde bien d'entretenir cette crainte exceſſive : autrement, comme nous avons dit que la crainte (a) doit être continuelle, les ſujets ſeront continuellement voiſins du déſeſpoir, & le deſpote ne ſera pas un moment en ſureté. Ainſi l'humanité de ſes mœurs doit graver l'eſpérance dans tous les eſprits, tandis que ſon pouvoir imprime la crainte dans tous les cœurs.

La crainte étant un ſentiment déſagréable, les hommes ſe livrent volontiers à l'eſpérance, qui leur offre de les délivrer d'un ſentiment qui leur eſt à charge. Il ne faut donc pas s'étonner ſi des princes, d'ailleurs très-féroces, n'ont pu cependant parvenir à révolter leurs ſujets contr'eux. Si l'eſpérance eut manqué un moment, la fureur & le déſeſpoir ſe fuſſent emparés de

(a) Ch. I.

tous les cœurs, & les despotes étoient perdus. Rome soutint pendant quelque temps les attentats de Néron : mais, lorsque l'on vit que sa fureur alloit en augmentant, Rome se souleva, & Néron disparut.

Les despotes de l'Asie devroient prendre des leçons des despotes de l'Europe ; leurs peuples seroient heureux, & ils seroient en sureté sur un trône toujours chancelant. Un Tibère & un Henri VIII étoient faits pour le despotisme ; (1) les Léopolds & les Louis sembloient réservés pour nos monarchies. On diroit que l'on se souvient encore avec terreur des actions des pre-

____

(1) Je parle de Léopold, duc de Lorraine, & père de l'empereur d'aujourd'hui : le nom de Titus même n'est pas plus respectable. On peut voir la justice que lui rend le célèbre auteur du siècle de Louis XIV. Faire l'histoire d'un si bon prince, c'est faire son éloge, ou plutôt celui de l'humanité.

miers : on prononce encore avec tendreſſe le nom de Louis, le père du peuple ; il ne pourroit être comparé qu'à celui de BIEN-AIMÉ. Quel triomphe vaut les larmes que M. de Voltaire (a) a vu verſer aux Lorrains, en prononçant le nom de Léopold longtemps après ſa mort ?

L'on a vu des citoyens ſacrifier leur vie à l'amour de la patrie : l'on a vu quelques bons rois gouverner avec équité : l'humanité ſe plaint encore de ces conquérans que les hiſtoriens louent à l'envi. Des ſouverains ont abdiqué des couronnes : les ſources des grandes actions ſont les mêmes dans tous les temps. Cela me laiſſe eſpérer de voir un exemple unique, & qui ſeroit, à mon gré, plus glorieux que tous ceux dont je viens de parler ; c'eſt un deſpote qui modéreroit le deſpotiſme, en le ren-

(a) Siècle de Louis XIV, p. 310.

fermant dans les bornes d'un pouvoir modéré. Quelques-uns ont
cru que le czar Pierre l'avoit voulu
faire : peut-être trouva-t-il ce projet
plus difficile que celui de civiliſer
les Ruſſes, & de contenir le clergé Grec.

CHAPITRE IV.

Continuation des chapitres précédens.

I. DE tout ce que nous avons dit du but & du principe du despotisme, on déduit qu'un état despotique doit être d'une étendue considérable : car, moins l'état sera grand, plus il sera facile au peuple de se réunir ; c'est-à-dire, plus il sera difficile de parvenir au but de la constitution. Voilà pourquoi les tyrans de la Gréce & de l'Italie n'ont jamais pu conserver long-temps leurs petits états.

II. Les grandes villes ne conviennent pas dans les états despotiques ; car le peuple y est trop rassemblé. Ainsi, loin d'être surpris

de ne trouver plus dans l'Afie-Mi-
neure & dans la Thrace, cette multitude de grandes villes qui la cou-
vroient autrefois , on devroit être
étonné d'y retrouver encore Smyr-
ne & Conftantinople. Ne feroit-il
pas égal aux fultans d'être renfer-
més dans un ferrail ou dans un autre ? Si ce ferrail n'étoit pas dans
une grande ville , ils n'auroient à
craindre que de leurs gardes ; au
lieu qu'ils ont à redouter , & le
foulèvement d'une groffe garnifon
qu'ils font obligés d'entretenir
pour contenir un peuple nombreux,
& la révolte de ce peuple même.

III. On peut remarquer que les
principes d'un état agiffent, pour
ainfi dire, d'eux-mêmes, jufqu'à un
certain point pour la conftitution.
C'eft ainfi que les principes du
defpotifine ont miné peu à peu une
infinité de grandes villes , dont on

ne voit plus les traces que dans
Strabon, Pline & Denys d'Halicar-
naſſe. Le pays s'eſt dépeuplé par
le génie du gouvernement Turc,
comme il s'étoit peuplé par la liberté Gréque. Les villes ſont devenues déſertes, & par conſéquent
moins à craindre pour le deſpote.

IV. Plus l'état ſera grand, moins
il ſera facile au peuple de ſe réunir.
Cette propoſition eſt l'inverſe de
la première ; & fait voir, comme
le dit l'*Eſprit des loix*, que, lorſqu'un état eſt d'une certaine grandeur, il prépare les voies au deſpotiſme.

CHAPITRE

CHAPITRE V.

De l'esprit de la constitution despotique.

I. Le prince forme la constitution, le but dirige le principe, & le moyen est la voie par laquelle le principe va à son but. J'ai dit que le but déterminoit l'espèce de mœurs ; & que le principe, à l'aide du moyen, donnoit les manières ; mais comme c'est la constitution qui donne l'esprit de la nation, c'est le but, le principe & le moyen qui vont former cet esprit chez le despote & les particuliers.

II. Le but de la constitution despotique donnant des mœurs solitaires, & le moyen formant des manières serviles, on voit que l'esprit d'une telle nation doit être

TOME I.   Q

préparé à recevoir toutes les impreſſions que le prince voudra lui donner. En effet, comme nous avons dit que l'obéiſſance devoit être extrême ; ſi cette nation avoit un eſprit qui lui fût particulier, cette obéiſſance ne ſeroit pas telle qu'elle doit être. Si, par exemple, l'honneur entroit pour quelque choſe dans l'eſprit de la nation, elle ne ſe plieroit pas, comme il eſt néceſſaire qu'elle le faſſe, à la moindre volonté du prince ou de la loi. Ainſi le ſeul eſprit que ce peuple puiſſe avoir, c'eſt celui d'obéiſſance, qui n'eſt jamais un eſprit relatif aux états voiſins, mais plutôt à la conſtitution dans laquelle on peut concevoir que le deſpote eſt placé.

III. Mais, comme nous avons dit que le deſpote réunit en lui tout l'état, c'eſt donc lui qui peut avoir un eſprit qui lui ſoit propre ; &

comme cet efprit eft relatif à fon but, & tend à le remplir, & que d'ailleurs le but du defpotifme eft de divifer les hommes qui lui font foumis, fon efprit doit être celui de conquête ; parce que la conquête tendant à l'agrandiffement, donne auffi plus de moyen de divifer les fujets. En effet, on remarque que tous les états qui ont été defpotiques, ont toujours eu l'efprit de conquête. Rome, qui exerçoit le defpotifme dans les pays qu'elle avoit vaincus, tendit toujours à s'agrandir. On vit, en différens temps, les rois de Perfe fortir de chez eux, & porter l'efprit de conquête dans l'Egypte, l'Inde & la Gréce. Séfac ou Séfoftris, qui étoit chez lui une forte de defpote, pouffa fort avant fes conquêtes dans l'Afie.

IV. Le principe de la conftitution, c'eſt la force qui ſe trouve entre les mains du prince ; & l'eſprit de la conſtitution s'y rapporte ; car le prince, qui eſt l'état, ayant la force en main, doit être tenté d'attaquer (*a*), s'il n'a pas l'eſprit de modération : or cette conſtitution ne l'a pas, ſans quoi elle ſe refermeroit elle-même : elle eſt donc tentée d'attaquer. Mais, comme le deſpote a, par devers lui, un principe de crainte qui l'empêche d'attaquer le peuple, il eſt porté à employer ſes forces contre l'étranger ; c'eſt-à-dire, qu'il a l'eſprit de conquête.

V. Le moyen de la conſtitution, c'eſt la crainte : lorſque le principe eſt dans ſa force, le moyen y eſt auſſi ; car l'un ſuit de l'autre, comme l'effet ſuit de ſa cauſe. Mais le prince ayant à craindre du peuple qu'il gouverne, parce que le

(*a*) Ch. 1.

peuple a à craindre de lui ; il eſt naturel qu'il penſe à occuper un peuple dont la tranquillité pourroit lui devenir redoutable. C'eſt ainſi que le ſénat de Rome occupa le peuple à la guerre, pour s'en dé-barraſſer ; & l'on pourroit appli-quer au deſpote ce que M. de Voltaire a dit du peuple Romain, qu'il ne devint conquérant que parce qu'il étoit mal chez lui.

VI. Quelqu'un a dit que l'eſ-prit de conſervation n'accompa-gnoit pas l'eſprit de conquête & le gouvernement militaire. En effet, puiſque nous avons vu que le but du deſpotiſme doit diviſer les ſu-jets, & que d'ailleurs la conſtitu-tion ne ſouffre ni grandes armées, ni fortereſſes, & que nous montre-rons bientôt qu'elle ſe refuſe à l'induſtrie, on voit que ſon eſprit ne peut être celui de conſervation. Aussi voit-on que l'état despotique ne remplit pas bien son but, & ne se conserve que tant qu'il retient l'esprit de la constitution, c'est-à-dire, l'esprit de conquête. En effet, on peut remarquer que dès que les califes cessèrent d'être conquérans, leur puissance tomba d'elle-même. La même chose est arrivée aux Persans ; une poignée d'Aghuans, sous les ordres d'un séditieux, fit couler des déluges de sang dans Hispahan même. Qu'est-ce aujourd'hui que l'empire des Turcs?

VII. Si l'on compare ce que l'on vient de dire de l'esprit de la constitution, avec ce que l'on a dit des momens où la constitution est florissante, on verra les raisons qui rendent alternativement un état despotique, conquérant & pacifique (a) &c.

(a) Art. VI & VII du ch. précéd.

CHAPITRE VI.

De la religion. *

La religion doit toujours favoriser le but, le principe, & les moyens de la conſtitution, & entrer dans ſon eſprit ; ſans quoi l'une travailleroit toujours à détruire l'autre. Au reſte, il ne faut pas aller s'imaginer que les religions qui ſont les plus deſpotiques ſont celles qui conviennent le mieux au deſpotiſme ; point du tout : il faut qu'il n'y ait qu'un ſeul deſpote dans l'état ; & la religion ne peut l'être, à moins que le deſpote n'en ſoit le chef. Tels étoient les califes. Mais cette mê

---

* Voyez ce que j'ai dit dans la préface, relativement à la religion.

me religion ne convint bientôt plus aux princes qui partagèrent l'empire des califes : d'abord ils se contentèrent du vicariat de la religion ; mais bientôt après ils en abbattirent le chef.

Si l'on anatomise la religion mahométane, imaginée par un homme dont l'ambitieuse politique employoit tout à ses vues, on verra qu'elle est merveilleusement faite pour les états despotiques, tels qu'ils subsistent en Orient. La polygamie qu'elle permet, ou plutôt qu'elle ordonne, forme des familles qui sont nécessairement séparées les unes des autres ; ce qui favorise le but de la constitution. Le mépris que la loi donne pour les autres peuples empêche une communication que le despote devroit craindre, & qui a l'avantage de maintenir le peuple dans sa croyance. Le vin, qui est si propre à réunir les hommes par les plaisirs de la table, est interdit par la religion. L'extrême obéissance aux ordres du prince, que la loi fait regarder comme le successeur de l'envoyé de Dieu, favorise le moyen ; & le respect que l'on doit avoir pour le sultan assure le principe. Les cérémonies propres à ce peuple secondent merveilleusement l'esprit de division ; & le mépris qu'il a pour les autres nations mène encore à l'esprit de conquête. Ce n'est pas sans raison que l'alcoran recommande presque à chaque page les œuvres de charité ; car elles font très-propres à faire envisager les hommes comme égaux, & servent d'ailleurs à adoucir les mœurs, que le but & l'esprit de la constitution rendroient trop féroces, & qui se tourneroient à la fin contre elle-même. Enfin cette religion est précisément telle qu'on la pourroit souhaiter pour l'état où elle domine.

Les sectes d'Hali & d'Omar, qui divisent le Turc & le Persan, & qui font qu'ils se haïssent mutuellement, sont très-propres à favoriser des constitutions despotiques voisines : car l'esprit de l'une & de l'autre étant celui de conquête, si ces peuples étoient unis par les liens d'une même religion ou d'une même façon de croire, le souverain d'un de ces deux états pourroit toujours profiter de l'indisposition des peuples de l'autre, contre le gouvernement présent ; de sorte qu'il n'y auroit jamais de tranquillité entre eux, que lorsque l'une des deux puissances seroit renversée. Je suis persuadé que la différence d'un turban verd & d'un turban d'une autre couleur a empêché plus de fois les peuples de Perse ou de Turquie de

favoriſer les conquêtes de leurs ad-
verſaires, que n'auroient fait cent
forbereſſes bâties ſur les frontières
des deux états. On ne ſçauroit
croire combien de petits reſſorts
ſont capables de mouvoir de grandes machines. L'intérêt & les paſſions des particuliers font naître
les ſectes; & l'intérêt & les paſſions des princes les favoriſent : la
politique vient enſuite, & ſçait les
mettre à profit.

Il y a des états qui ſont naturellement bornés par de grands fleu-
ves, & de longues chaînes de montagnes : une borne non moins ſûre,
c'eſt celle que preſcrit la différence
des religions, quand elle eſt fort
grande, & que le venin du zèle
s'en eſt une fois mêlé.

Une religion nouvelle (qu'on ſe
ſouvienne qu'il ne s'agit point ici
de la religion chrétienne) travaille
ſourdement à changer les mœurs

que la conftitution avoit introdui-
tes. Les mœurs font l'effet du but :
l'opinion nouvelle empêche donc
le but de la conftitution d'agir à
fon ordinaire. La religion, qui
vient changer les mœurs, change
auffi les manières, qui font l'effet
du moyen : elle attaque donc le
moyen, & par lui elle ébranle le
principe qui le produit ; elle tend
donc à corrompre la conftitution.
Si l'on examine les différens états
avant & après que de nouvelles
opinions s'y font gliffées, on verra
que ces opinions ont toujours changé l harmonie de leur gouvernement. Auffi Platon, tout humain
qu'il étoit, ne laiffoit pas de condamner à mort (a) les violateurs de
la religion.

(a) De leg. lib. X, pag. 903, t. II. edit. Steph.

CHAPITRE VII.

Conséquences de tout ce qui a été dit par rapport à l'industrie, aux travaux, à la population, aux mœurs, &c.

I. Puisque les états sont peuplés dans la raison composée de l'inverse des fortunes & de la directe de l'industrie & des travaux ; & que d'ailleurs, dans les pays de despotisme pur, où les fortunes des sujets étant égales à zéro, celle du prince est excessive, de sorte que l'inégalité est aussi grande qu'elle peut l'être ; ils ne doivent donc être peuplés que dans la raison de l'industrie & des travaux.

II. On a vu que le luxe est tou-

jours proportionnel au dégré d'aifance. Mais comme dans un tel
état les dégrés d'aifance font zéro,
il s'enfuit qu'il ne peut guère y
avoir de luxe : cependant, comme il eft néceffaire que le prince
répande fes faveurs & fes richeffes
fur ceux (1) qui lui font attachés,
cela produit quelques dégrés d'aifance, & par conféquent quelques
dégrés de luxe.

III. D'un autre côté, fi l'on
confidère que le but du defpotifme eft de féparer les fujets
on verra encore que le luxe, qui
les raffemble, ne doit pas être
grand ; & que par conféquent
l'induftrie qui lui eft proportionnelle, doit être très-médiocre. Ces
pays ne feront donc peuplés que
dans la raifon du dégré médiocre

______

(1) L'empereur du Mogol tient à fa folde la moitié
de fes fujets. *Hift. du Mogol.*

d'induſtrie & des dégrés de travaux.

IV. Mais, comme l'induſtrie ne
peut guère multiplier les dégrés
d'aiſance, puiſque le prince, qui
a tout, ne peut faire valoir l'induſtrie à l'extrémité d'un empire, qui,
comme nous l'avons dit, doit
être très-vaſte, & que d'ailleurs
les travaux ſont dans la raiſon
de l'induſtrie, il ſuit de toutes
ces raiſons que ce pays doit
de lui-même n'être guère peuplé.

2. Si l'on ajoute à ce que l'on
vient de dire que les travaux ſont
dans la raiſon directe du nombre
des hommes, on verra que, dans
cette conſtitution, par la nature
même des choſes, les travaux ne
doivent pas être bien conſidéra-
bles.

3. Mais la culture des terres

étant dans la raison du nombre
des hommes ou des travaux, &
l'une & l'autre de ces choses se
trouvant dans un dégré médiocre;
on voit que, dans un tel pays, la
culture des terres doit être fort né-
gligée.

4. Voilà les causes qui ont couvert de deserts & de forêts la
moitié de l'Afrique, une grande
partie de l'Asie, & presque toute
l'Amérique.

V. Que l'on fasse attention que
le commerce doit être dans la raison de l'industrie; & l'on jugera
dans quels rapports il doit être dans
les pays de despotisme.

VI. Au reste l'industrie procu-
rant les dégrés d'aisance, & ceux-
ci apportant une moindre inégalité
dans les fortunes & dans les puissances; on voit que, puisque l'extrême

trême inégalité des fortunes forme le despotisme, l'industrie, qui tend à détruire l'inégalité des fortunes, est contre le principe de la constitution.

VII. Mais, comme l'industrie mène à la population, & que la population donne la force & l'esprit de conservation qui ne peut être sans elle, on voit encore ce que nous avons déjà dit, que l'esprit du despotisme ne peut être celui de conservation (*a*); car cet esprit ne s'accorderoit pas avec le principe de la constitution.

(*a*) Art. précédent.

2. Mais cependant, comme il faut que cet état se maintienne, il lui faut de l'industrie jusqu'à un certain point. Nous verrons, par la suite, quel est ce dégré d'industrie que peut souffrir la constitution. Ceci s'accorde fort bien avec

TOME I. R

ce que l'on a vu, que le but du
despote étoit de diviser ses sujets ; car on sent bien que l'industrie, qui les multiplieroit, les re-
joindroit nécessairement.

On ne sera plus désormais si surpris de la paresse des Turcs, qui
souffrent que les Européans fassent
presque tout le commerce de leur
empire. Cette négligence est l'ouvrage du principe & du but de la
constitution : toujours est-il vrai
qu'ils font à peu près autant de
commerce qu'il faut qu'en fassent
des peuples soumis au despotisme
pur. Ils s'affoiblissent, dit-on, peu
à peu ; mais c'est qu'il est de la nature de cette constitution de s'af-
foiblir, & l'on pourroit en tirer
l'horoscope par des calculs qui
ne seroient rien moins qu'imagi-
naires.

Cet affoiblissement que nous re-
marquons chez les Turcs nous pa-

roîtroit bien plus confidérable, fi des caufes tirées de notre manière de penfer n'avoient pas retardé la population chez nous ; car ils feroient d'autant plus foibles que nous ferions plus forts.

Ce qu'il y a de fûr, c'eft qu'un trop grand dégré d'induftrie accéléreroit le changement d'un tel état, en en affoibliffant le principe; car cette induftrie, qui affoibliroit le principe, diminueroit l'effet du moyen, fans pourtant arracher des loix d'une puiffance qui change la nature, fi elle en donne une fois ; de forte que l'on tomberoit dans l'oligarchie. Si l'on lit l'hiftoire de Mofcovie, on verra qu'elle n'a jamais effuyé tant de révolutions coup fur coup, que depuis que le czar Pierre y a introduit le commerce, les arts & le luxe. Ceux qui ont gouverné après lui ont bien fenti ces difficultés, & quelques-uns ont même tenté de les corriger. Mais on en auroit encore vu davantage , si en effet on eut introduit beaucoup d'inftitutions qui font contre le principe du defpotifme, comme, par exemple, le fénat, &c. Le Mogol a trouvé le moyen de profiter de l'induftrie de fes fujets, fans craindre qu'elle puiffe lui nuire : il fait travailler fes fujets pour fon propre compte (a); & tout ce qu'ils acquièrent lui revient à la fin, puifqu'il eft l'héritier né de tous fes fujets. Bernier dit dans fes voyages , » que les empereurs » amaffent de grands tréfors ; &, » quoiqu'on n'ait accufé que Cha-» Jaham d'une avarice outrée, tous » aiment à renfermer dans des ca-» ves fouterreines l'or & l'argent, » qu'ils regardent comme perni-» cieux entre les mains de leurs fu-» jets, lorfqu'il y abonde.

(a) Hift. du Mogol. pag. 330.

Au reste, j'avertis qu'après avoir profondément médité sur ce que je viens de dire, je l'ai toujours trouvé vrai, & l'expérience est venue de tous côtés le confirmer. Cependant cela est contraire à ce que dit M. de Montesquieu (a), qu'il ne sçauroit y avoir trop de luxe, & par conséquent trop d'industrie, dans un état de despotisme pur. Nous aurons occasion de démontrer, dans la seconde partie de cet ouvrage, que l'industrie & le luxe poussés jusqu'à un certain dégré seroient capables de déranger l'œconomie de la plupart des constitutions. Cela n'est guère à craindre dans la plupart des états, tels qu'ils sont en Europe ; mais seulement dans certaines constitutions, qui, par la foiblesse attachée à leur nature, ont, pour ainsi dire, besoin d'un certain régime.

On sent bien qu'un peuple peu

(a) Esprit des loix.

nombreux relativement à la quantité de terrein qu'il occupe, & qui
d'ailleurs communique peu, doit
être ignorant & grossier : tout cela
suit du despotisme, comme l'effet de
sa cause. Mais, s'il étoit vrai que le
commerce, qui polit les hommes,
ne laisse pas de leur rendre le cœur
plus méchant, un tel peuple
devroit être meilleur qu'un autre,
& plus porté à exercer l'hospitalité
& les devoirs de la charité naturelle. Telles sont en effet les choses
en Turquie & en Tartarie.

Si l'on fait attention que l'esprit de la plupart des hommes est,
pour ainsi dire, attaché à l'état que
la fortune leur a marqué, on verra que, dans une telle constitution,
où tous les hommes sont égaux à
zéro, ceux qui ont naturellement
l'ame servile doivent l'avoir à l'excès ; mais ceux qui sont nés avec
cette noblesse qui est indépendante

de la fortune & de la condition, doivent l'avoir à un dégré éminent : nous avons peu de héros à oppofer à Aboud, à Jéfif, à Soliman II, à Mervan II, à Almanzor, &c.

Si je voulois, je pourrois montrer ici comment les préceptes de la religion d'un tel peuple, fes mœurs & fes manières, doivent couler de la nature de fa conftitution. Mais c'eft affez pour moi d'avoir montré la route. J'ajouterai feulement que, fi on l'examine bien, on trouvera que l'efprit humain agit encore plus machinalement qu'on ne l'a dit. Une idée tient toujours à deux ou trois autres, qui font néceffairement liées à celles que l'on a données à l'enfance. Les premiers fentimens que l'on a reçus deviennent un fyftême auquel on ramène tout. C'eft fur le plan de ces idées que fe forment les mœurs & les manières des hommes, qui

font, à proprement parler, des préjugés de pratique.

L'efprit d'une nation fe moule
& s'ajufte, pour ainfi dire, à ces
préjugés que les principes du gouvernement ont fait naître. Ainfi,
par l'efprit d'une nation, on pourroit juger de celui de la conftitution ; &, par l'efprit de la conftitution, on jugeroit de celui d'une nation. Comparez le génie de la nation Angloife avec celui de la nation Turque ; vous verrez deux
peuples antipodes l'un de l'autre.
Je crois que c'eft M. de Voltaire
qui dit : » Changez la conftitution
» de Rome, & tous les Romains fe-
» ront des Céfars & des Scipions. «

CHAPITRE VIII.

De l'honneur.

On a prétendu qu'il n'y avoit point d'honneur dans les états despotiques ; & l'on dit, pour le prouver, que le mot même d'honneur n'y est pas connu : mais on y connoît l'idée de baffeffe d'ame. Mortauakkel regardoit la compaffion comme une baffeffe d'ame, dit Ferduffi, hiftorien Perfan. Ce feroit une chofe bien fingulière, que l'amour-propre, qui tient à l'effence des hommes, fe fût anéanti au point de ne pas laiffer même les idées qui le flattent le plus. Il eft vrai que cet honneur n'entre pas dans l'efprit que la conftitution donne au peuple ; mais il peut entrer dans le cœur de chaque particulier.

CHAPITRE IX.

Du visir.

Nous avons déjà dit qu'un visir étoit nécessaire dans un état despotique : voici encore un de ses usages dont nous n'avons pas encore parlé.

Le visir attire sur lui la haine qui tomberoit sur le despote, qui est nécessaire à l'état, puisqu'il en lie toutes les parties. Ainsi il est bon qu'il y ait un visir qu'on peut toujours offrir à la vengeance d'un peuple mécontent. Plutarque dit, en parlant de Denys le jeune (a) : » Aucuns de ses familiers le repre- » noient de ce qu'il honoroit & » avançoit un homme méchant, & » mal voulu des Syracusains ; & il » leur répondit : Je veux qu'il y ait » en Syracuse, quelqu'un qui soit en-

(a) Dits not. vers. d'A-miot.

»core plus haï que moi. « Alcibiade
se servit d'un expédient tout semblable (*a*). » Il avoit un chien beau «
& grand à merveille, qui lui avoit «
coûté sept cent écus ; il lui coupa «
la queue, qui étoit la plus belle «
partie qu'il eut : de quoi ses fami- «
liers le tansèrent, en disant qu'il «
avoit donné à parler à tout le mon-«
de, & que chacun le blâmoit fort «
d'avoir diffamé un si beau chien. «
Il n'en fit que rire, & leur dit : «
C'est tout ce que je demande ; car «
je veux que les Athéniens aillent «
caquetans de cela, afin qu'ils ne «
disent rien pis de moi. » Ces expé-
diens sont admirables ; & je connois une grande monarchie qui
s'en sert avec un succès toujours
éprouvé.

Fin du premier volume.

(*a*) *Plutarq.
in Alcibiade.*

TABLE

DES LIVRES ET CHAPITRES

contenus en ce volume.

LIVRE SECOND.

DU DESPOTISME.

Fin de la table.